Michaela Vieser | Irmela Schautz

Von Kaffeeriechern, Abtrittanbietern und Fischbeinreißern

Michaela Vieser | Irmela Schautz

Von Kaffeeriechern, Abtrittanbietern und Fischbeinreißern

Berufe aus vergangenen Zeiten

Bassermann

ISBN 978-3-8094-4289-9

1. Auflage
Genehmigte Sonderausgabe

Projektleitung dieser Ausgabe: Martha Sprenger
Umschlaggestaltung: Atelier Versen, Bad Aibling, nach einer Vorlage von R·M·E Roland Eschlbeck / Rosemarie Kreuzer
Illustrationen: Irmela Schautz
Bildredaktion: Sabine Kestler
Herstellung: Marleen Janzen

FSC www.fsc.org
MIX
Papier aus verantwortungsvollen Quellen
FSC® C014496

Verlagsgruppe Random House FSC® N001967

Druck und Bindung: GGP Media GmbH, Pößneck
Printed in Germany

021100580211

MICHAELA VIESER
Periit pars maxima – der größte Teil geht verloren

IRMELA SCHAUTZ
Für Salome und Christian, die Quicklebendigen

ÜBER DIE AUTORINNEN

Michaela Vieser studierte Japanologie und asiatische Kunstgeschichte in London und Japan. Als Autorin verfasst sie Bücher, Filme, Librettos und Radiofeatures zu Themen, die vertraut wirken, durch ihr Eintauchen aber verfremden: Sie hat sich einen Namen als »Themenforscherin« und »Nature Writer« gemacht, indem sie eine Methode der erweiterten Forschung anwendet, bei der sie Informationen aus der sinnlichen wie aus der wissenschaftlichen Welt kombiniert. Ihre Arbeiten erscheinen u.a. auf *ARTE, Deutschlandfunk Kultur, BBC, SWR, Geo, NZZ, Financial Times, Süddeutsche Zeitung, Spiegel Online*. Am Wochenende zieht sie in den Oderbruch, erntet Mangold und paddelt durchs Schilf.

Irmela Schautz, geboren 1973 in Ravensburg, ist Illustratorin und Spezialistin für das besondere Buch, bezeichnet sich aber auch als Regisseurin auf dem eigenen Blatt Papier, als Schatzsucherin, Spurensucherin, Detektivin, Entdeckerin und Trüffelschwein. Sie studierte Malerei, Grafik sowie Bühnen- und Kostümbild und arbeitet seit 2005 als freie Illustratorin. Ihre vielfältige Arbeit wurde mit nationalen und internationalen Preisen geehrt. Seit 2012 lehrt sie an der Akademie für Illustration und Design in Berlin. www.irmela-schautz.de

INHALT

VORWORT

Wie der Titel dieses Buches unschwer erkennen lässt, haben die hier versammelten Berufe eines gemeinsam: Sie gehören einer anderen Zeit an. Es gibt sie heute nicht mehr, zumindest in unserer mitteleuropäischen Lebenswelt nicht. Wer genau hinschaut, wird den Lumpensammler, den Waldbienenzüchter oder den Scharfrichter dennoch wiederfinden und das, leider, nicht nur in den Entwicklungsländern.

Berufe, wie der des Kaffeeriechers, verschwanden plötzlich aus dem Alltag ihrer Zeitgenossen, und niemand hat dies bedauert, außer vielleicht die Kaffeeriecher selbst. Der Grund für ihr Verschwinden waren neue Zolleinfuhrgesetze. Einfach eine Verordnung von oben. Bei anderen Berufen dauerte es eine Weile, bis sich kaum mehr jemand an sie erinnerte. Die niederösterreichischen Ameisler zum Beispiel hielten sich erstaunlich lange, bis in die siebziger Jahre des letzten Jahrhunderts hinein. Die Quacksalber dagegen keimten wie die Krankheiten, die sie vertrieben, immer wieder auf, und ob sie wirklich nur in vergangenen Zeiten zu finden waren und heute nicht mehr, könnte man durchaus in Frage stellen.

In diesem Buch wird von Berufen erzählt, deren Geschichte sich zurückverfolgen lässt bis zu den alten Griechen, manchmal sogar noch weiter, durch Bildzeugnisse von den Ägyptern und von noch früheren Kulturen. Sie existierten bei den Germanen, und sie begleiteten die Menschen bis in die Neuzeit hinein. Die Köhler gehören dazu, die ein Produkt herstellten, das den Aufbau der menschlichen Zivilisation prägte wie kaum ein anderes Erzeugnis. Doch auch die Zeit der Köhler ist vorbei. Längst ist der Wald zu wertvoll geworden, als dass man ihn für die Gewinnung von Holzkohle verbrennen wollte.

Viele der Berufe, die in diesem Buch zusammengetragen wurden, hielten sich bis zum Ende des Zweiten Weltkriegs. Danach veränderte sich die Gesellschaft so radikal, dass es auch bei Berufen und in der Arbeitswelt einer Zäsur gleichkam. Manche Berufe mussten sich neu erfinden, andere verschwanden durch Erfindungen, wie die Lithographen beispielsweise. Sie hatten zu ihrer Blütezeit einen wahren Paradigmenwechsel im Umgang mit Bildern herbeigeführt, dass deren Allgegenwart uns heute als selbstverständlich erscheint. Mit Bildern ließ sich so viel Geld verdienen, dass noch bessere Methoden entwickelt wurden, um sie zu reproduzieren. Die Lithographie ist ein Kunstdruckverfahren geworden, industriell wird sie nicht mehr angewendet.

Die Silhouettenschneider, die noch vor dem Zweiten Weltkrieg durch die Vergnügungsviertel zogen und blitzschnell Scherenschnitte zauberten, wurden durch Polaroids ersetzt, und selbst die Polaroids sind weitgehend verschwunden. Mit der Digitalkamera im Handy fangen sich Erinnerungsschnipsel so viel schneller und bequemer ein.

Und beim Fischbeinreißer war es die Mode, die ihn um seinen Beruf brachte.

Am längsten überlebte die Rohrpostbeamtin, die das Kommunikationssystem der Metropolen mit Rohrpostbriefen fütterte. Als 1984 die letzte Büchse ins Pariser Netz geworfen wurde, ging auch diese Ära zu Ende. Man kann sich heute nicht mehr vorstellen, dass bis vor wenigen Jahrzehnten die Städte mit einem unterirdischen System von Rohren durchzogen waren, in denen Briefe hin- und herflitzten.

Arbeit war und ist in erster Linie Broterwerb. Für sich selbst, für die Familie, die oft den Haupterwerbstätigen dabei unterstützte. Bei den Bänkelsängern hörte es sich schöner an, wenn auch Kinderstimmen mit vortrugen. Bei den Sandmännern führte die Kinderarbeit dazu, dass kaum eines ihrer Kinder alt wurde. Eine Ausbildung aber, eine Spezialisierung, hatten die wenigsten. Von Sicherheit ganz zu schweigen.

Dass Arbeit auch Spaß machen kann – dieses Glück war Menschen in den wenigsten Berufen vergönnt. Dennoch erfüllte es viele mit Stolz, sich selbst am Leben erhalten zu können und sich nicht als Bettler durchschlagen zu müssen. Die Lumpensammler beispielsweise sangen davon ein Lied. Nur wenige der in diesem Buch zum Leben erweckten Berufe gehörten einer Zunft an, einem Netzwerk von Menschen, die täglich mit den gleichen Problemen konfrontiert waren und die sich zusammenschlossen, um vor Gesetzgeber und Auftraggebern als Einheit auftreten zu können.

Berufe öffnen ein Fenster in die Lebenswelt der damaligen Zeit. Es ging mir beim Schreiben nicht darum, akribisch genau festzuhalten, was genau welcher Beruf zu tun hatte, wie die Handgriffe aussahen und welche Werkzeuge dafür verwendet wurden. Viel wichtiger war mir, warum es diese Berufe gab. Was brachte Menschen dazu, diese Tätigkeit auszuüben? Bei den Abtrittanbietern war es ganz klar: Die Städte waren zu verschmutzt. Es musste sich jemand der Notdurft der Menschen annehmen.

Wie global auch früher schon gehandelt wurde, lässt sich nicht nur am Beispiel der Märbelpicker verdeutlichen; sie klopften in Thüringen Murmeln, die in den Seeschlachten eingesetzt wurden. So mancher Pirat wird geflucht haben über diese vertrackten Murmeln. Dass thüringische Märbel die Häuserwände von Kolonialstädten schmückten, fand ich genauso wichtig wie die Gründe, warum die Thüringer überhaupt auf die Idee kamen, Murmeln zu produzieren. Irmela Schautz und ich haben zwei Jahre lang Augen und Ohren offen gehalten auf der Suche nach ausgestorbenen Berufen. Manchmal stießen wir in Romanen auf Nebenfiguren, die uns genauer hinschauen ließen, manchmal erzählten wir Freunden von unserem Interesse und erhielten spannende Hinweise. Wenn wir uns auf einen Beruf geeinigt hatten, zogen wir los in die Bibliotheken und gruben dort manchen Schatz aus. Fantastisch war zum Beispiel ein Buch von 1737 über Sänften. So saßen wir andächtig im Raritätenlesesaal der Berliner Staatsbibliothek über diesem Werk, das ein Mann vor über dreihundert Jahren verfasst hatte und das uns durch seine Liebe zum Detail, seinen Wunsch, alles Wissen zusammentragen zu wollen, in seinen Bann zog. Der Autor hatte damals schon über Sänften in aller Welt berichtet, alle Gesetze zu Sänften aufgeschrieben und sich selbst Gedanken gemacht, wie die perfekte Sänfte aussehen könnte. Und weil er daraus ein Buch machte, können wir ihm heute in seine Welt folgen.

Zu anderen Berufen, wie zum Beispiel zum Sandmann, fanden wir weder in Bibliotheken noch im Internet Anknüpfungspunkte. Da der Beruf uns aber faszinierte, ließen wir nicht locker. Wir schauten uns eine geologische Karte von Deutschland an und fanden heraus, in welchen Gegenden der Sandstein vorkam. Dann telefonierten wir mit den Ortsämtern: Gibt es bei Ihnen nicht Heimatforscher, die dazu etwas geschrieben haben? Es gab sie. Ihre Artikel sind jedoch selten katalogisiert. Bereitwillig schickte man uns Kopien. Selbst mein Großvater konnte sich noch an die Sandmänner erinnern; er sang mir das Lied vor, mit dem sie den Stubensand anpriesen. Nach über neunzig Jahren war es ihm so genau im Gedächtnis, dass er selbst die Melodie noch kannte. Während ich Bücher immer wieder nach Zitaten durchsuchte, denn O-Töne vermitteln am besten ein Gefühl für eine bestimmte Zeit, wälzte Irmela Schautz für ihre Illustrationen Bücher über Kostüme, alte Stiche und Zeichnungen, um nicht nur möglichst genau abzubilden, was heute nicht mehr existiert, sondern auch, um den Charakter eines bestimmten Berufs wiederzugeben.

Jetzt bleibt nur noch, Ihnen genauso viel Spaß beim Lesen zu wünschen, wie wir beim Recherchieren, Schreiben und Illustrieren hatten.

Für Anregungen zu weiteren verschwundenen Berufen bin ich dankbar. Informationen bitte an Berufe@Michaelavieser.de

MICHAELA VIESER
Berlin, im Juli 2010

ABTRITTANBIETER

Männlicher oder weiblicher Anbieter einer öffentlichen Toilette, zum Beispiel auf Messen oder Märkten, bevor es öffentliche Toilettenanlagen gab

KENNZEICHEN: *langer Mantel, zwei Eimer, starker Geruch*

AKTIVE ZEIT: *Mitte des 18. Jahrhunderts bis Ende des 19. Jahrhunderts*

Am 9. Oktober 1694 schrieb Lieselotte von der Pfalz, Herzogin von Orléans, aus Fontainebleau: *»Sie sind in der glücklichen Lage, scheißen gehen zu können, wann sie wollen, scheißen sie also nach Belieben. Wir sind hier nicht in derselben Lage, hier bin ich verpflichtet, meinen Kackhaufen bis zum Abend aufzuheben; es gibt nämlich keinen Leibstuhl in den Häusern an der Waldseite. Ich habe das Pech, eines davon zu bewohnen und darum den Kummer, hinausgehen zu müssen, wenn ich scheißen will, das ärgert mich, weil ich bequem scheißen möchte, und ich scheiße nicht bequem, wenn sich mein Arsch nicht hinsetzen kann.«*[1]

Die Briefe der Herzogin mögen aus der heutigen Sicht zwar ordinär klingen, für ihre Zeitgenossen waren sie nur ehrlich. Friedrich Schiller lobte die Autorin sogar, da sie die Wahrheit so hüllenlos darstellte. Sein dichterisches Schamgefühl wurde dabei nicht verletzt. Praktisch wie auch sprachlich durfte man, wie wir selbst von Goethe wissen, furzen, rülpsen und scheißen. Heute verlässt man dazu besser den Raum und spricht nur im Wandschrank davon.

Viel frappierender an dieser Passage aus der Korrespondenz der

Herzogin ist aber, dass sie vermuten lässt, es habe in Fontainebleau keine Toilette gegeben. Und tatsächlich: Selbst das Prachtschloss Versailles blieb von solchen Gemächern verschont. Man saß stattdessen, falls vorhanden, auf edel verzierten Nachtstühlen, die die Dienerschaft untertänigst entleerte, oder erleichterte sich in Ecken und an Tapisserien. Im gesamten 17. Jahrhundert nahm auch in den besseren Kreisen niemand Anstoß an diesen Gewohnheiten. Sogar Audienzen wurden abgehalten, bei denen man gemeinsam auf dem Nachtstuhl saß und sich nach Lust und Laune dem verbalen oder analen Geschäft hingab.

Beim einfachen Volk zählten Parkidyllen, enge Gassen, Flussufer und dunkle Ecken zu den beliebteren Orten, um sich zu erleichtern. Casanova berichtet:

»Wir setzten unseren Spaziergang fort, ohne ein bestimmtes Ziel zu haben und sprachen von Literatur und allerlei Gebräuchen. Plötzlich bemerkte ich in der Nähe von Buckingham-House zu meiner Linken im Gebüsch fünf oder sechs Personen, die ein dringendes Bedürfnis verrichteten und dabei den vorübergehenden den Hintern zukehrten.«[2]

In einem Schulbuch von 1568 findet sich eine Passage, die man heute in einem Witzbuch vermuten würde, weil der Schüler die Aufforderung des Lehrers zu wörtlich beantwortet:

Der Lehrer fragt einen Schüler: »Erzähle mir in genauer Reihenfolge, was du vom Aufstehen bis zum Frühstück gemacht hast. Hört gut zu, Jungen, damit ihr lernt, diesen Schüler nachzuahmen.« »Ich bin aufgewacht, bin aus dem Bett gestiegen, habe Hemd, Strümpfe und Schuhe angezogen, meinen Gürtel umgeschnallt, an der Hofmauer Urin gelassen, habe aus dem Eimer frisches Wasser genommen, Hände und Gesicht gewaschen und am Tuch abgetrocknet.«[3]
Der Junge hatte nicht nur an eine Wand gepinkelt, er erzählte auch noch allen Ernstes seiner Klasse davon. Warum? Es war damals selbstverständlich.

Toiletten in Häusern – das hatten Ägypter und Römer vor der Zeitenwende, nicht aber die Londoner, Berliner oder Pariser der industriellen oder politischen Revolution. »Fortschritt«, so wurde eine Satire aus dem Satiremagazin »Kladderadatsch« von 1852 betitelt, herrsche alltäglich zur Mittagszeit in den Straßen Bremens, wenn nämlich alle Nachttöpfe der Stadt vor den Häusern standen, bereit von einem Fahrdienst abgeholt zu werden. Den Fortschritt erkenne man an den wegeilenden Bürgern.

Der Gestank muss bestialisch gewesen sein.

Im alten Rom soll es 144 öffentliche Latrinen und 116 Pissstände an der Stadtmauer gegeben haben. Ein Spruch, der in einer solchen römischen Prachtlatrine gefunden wurde, lautet: »*Cacator cave malum! Aut si contempseris, habeas Jovem iratum! – Hüte dich, auf die Straße zu kacken! Sonst wird dich Jupiters Zorn treffen!*«[4]

Die Kultur der öffentlichen Pissoirs ging zusammen mit den Römern unter. Es kam das Mittelalter, es kam die Neuzeit. Die Sitten verrohten. Die Städte wuchsen, das Gedränge wurde dichter, Krankheiten kursierten. Aller kondensierte Lavendelduft Südfrankreichs, in Flakons an Gürteln, ins Haar gesprüht, mit Fächern gewedelt und auf Kissen verteilt, half nicht gegen die bestialischen Gerüche, die durch die überfüllten Städte waberten. Die Menschen flüchteten und fluchten zwischen Pesthauch und Blütenduft. Es galt, etwas zu unternehmen.

Anhänger eines besonders schlauen Gedankengangs im 18. Jahrhundert empfahlen, die mangelnde Hygiene durch eine relativ einfache Maßnahme auszugleichen: Die Atmosphäre, so glaubte man, würde durch Erschütterungen von Glocken oder Geschützen desinfiziert. Die Unruhe, die hierbei erzeugt werde, reinige die Luft von allem Übel. Selbst Sümpfe, so riet ein gewisser Monsieur Baumes, könne man verminen, um sie von ihren krankheitsfördernden Dämpfen zu säubern. Kirchen, die wegen des Leichengestanks der in den Kellern verwesenden Körper nicht mehr messefähig waren, wurden mit Schießpulver in die Luft gejagt. Das Ende des stillen Örtchens?

Zeitgleich krempelten in Bayreuth die Amtsinhaber ihre Hemdsärmel hoch und verfassten 1797 die erste Behördliche Verordnung zur Einhaltung der öffentlichen Reinlichkeit:

»Soll sich hinfür niemand unterfangen, weder bei Tag noch Nacht,

Hamburgerthor
Oranienburgerthor
Charité
Span dauer
Holz markt
Exercier Platz
Rondel
Floss-Graben
Hallischethor

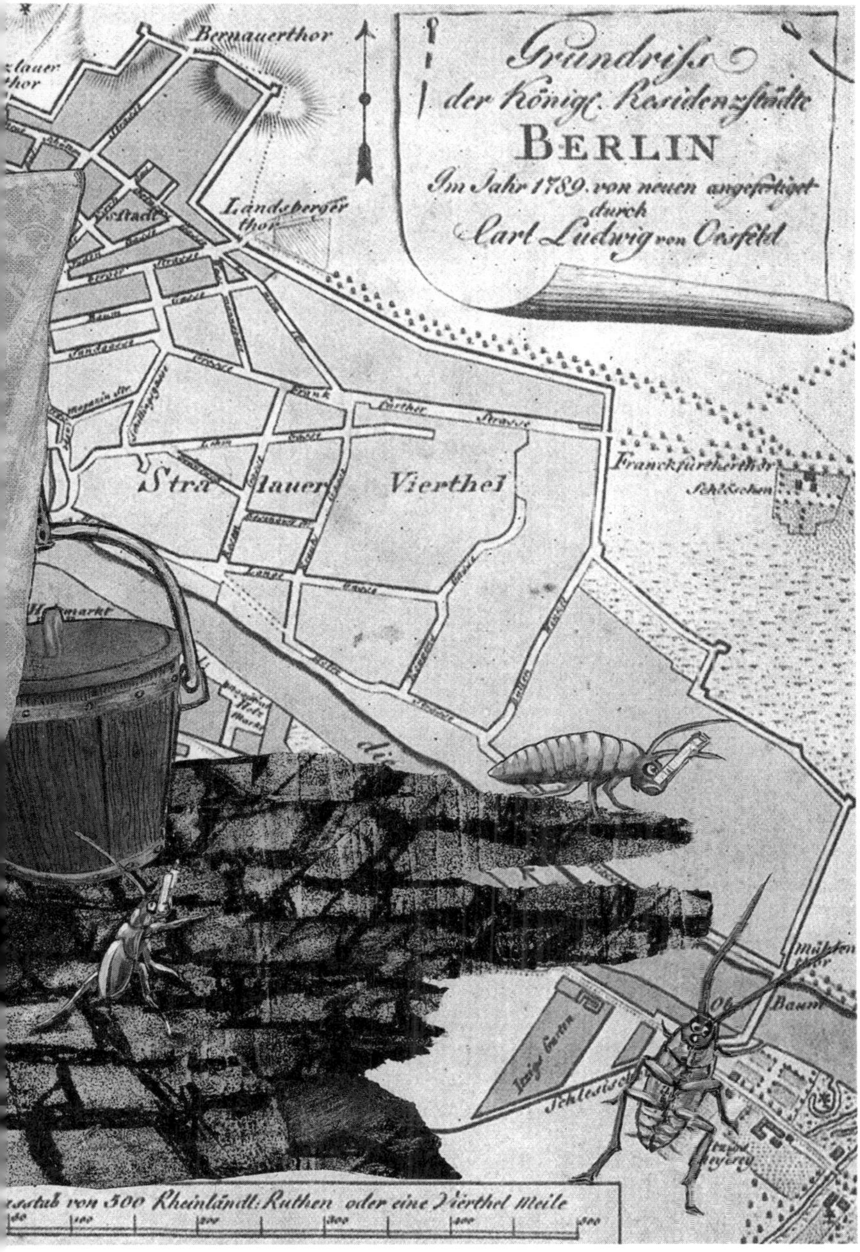
Grundriß
der königl. Residenzstädte
BERLIN
Im Jahr 1789. von neuen angefertiget
durch
Carl Ludwig von Oesfeld
Bernauerthor
Landsberger thor
Stralauer Viertel
Franckfürtherthor
Baum
sstab von 500 Rheinländl: Ruthen oder eine Vierthel Meile
100
200
300
400

an öffentlichen Plätzen, an Häusern, in den Hausplätzen hinter den Hausthüren sich seiner Unreinlichkeit zu entledigen und werden Eltern erinnert, ihre Kinder vor solchen ekelhaften Unsauberkeiten ernstlich abzuhalten, widrigenfalls sie selbst dafür zur Strafe gezogen werden.«[5]

Ein knappes halbes Jahrhundert später war man in Berlin soweit: Die ersten beiden Pissoirs der Stadt wurden errichtet.

Es war auch durchaus an der Zeit. Wegen der veränderten Lebensumstände spielte sich das Leben viel mehr in der Öffentlichkeit ab als zuvor. Seit spätestens Ende des 16. Jahrhunderts bedeutete Reichtum nicht mehr nur Besitz. Wirtschaftliche Stärke manifestierte sich vor allem in Warenhandel und Finanzverkehr. Es galt sich zu bewegen, mental wie physisch. Und wie der kleine Bauer täglich zum Markt fuhr oder der große Entscheidungsträger sich in den Clubs zum Diskutieren traf: Man war unterwegs. Von früh bis spät.

Was sollte man tun, wenn man mal musste? Wer reich war, konnte sich eine Kutsche anhalten, sich einmal ums Karree fahren lassen und danach erleichtert weitergehen. Alles schon vorgekommen! 1781 schrieb der Franzose Louis Sebastian Mercier: *»Man hat öffentliche Bedürfnisanstalten errichtet, in denen jedes Individuum seine Notdurft für zwei Pfennige verrichten kann. Aber findet man Zeit, den Unternehmer aufzusuchen, wenn man sich im Faubourg St.-Germain befindet und die Gedärme von Schwäche befallen fühlt?... Die Orte die die Aufschrift tragen: ›Es ist bei Körperstrafe verboten, hier seine Bedürfnisse zu verrichten‹ sind gerade die, in denen sich die meistbeschäftigten Leute zusammenfinden. Es bedarf nur eines Beispiels, um dreißig Nachahmer zu finden.«*[6]

Wo die öffentlichen Toiletten fehlten, half ein sogenannter Abtrittanbieter: ein mobiler Toilettendienst, der von Männern und Frauen angeboten wurde. Die Abtrittanbieter hielten sich vor allem auf Märkten und Handelsschauen auf, wie die Messe in Frankfurt, und luden mit lauter Stimme dazu ein, sich auf einem ihrer Eimer niederzulassen. Wer sich erleichtern wollte, wurde mit einem langen Ledermantel umwickelt, aus dem nur noch der Kopf schaute, und konnte so in der Öffentlichkeit das tun, was heute privat verrichtet wird. Der Thüringer Johann Christoph Sachse berichtet in seinen Erinnerungen, wie er in Hamburg von einer Frau angesprochen wurde: *»Will gi wat maken?«*, und als er sehen wollte, was er da machen solle: *»Eh ich mich's versah schlug sie ihren Mantel um mich, unter welchem sie einen Eimer verborgen hatte, dessen Duft mir seine Anwendung verriet.«* Er ergriff die Flucht, die Umstehenden lachten.[7]

Auch in Edinburgh soll es dieses Dienstleistungsangebot gegeben haben, dort mit dem Spruch: *»Who wants me for a bawbee?«* Bawbee war die Bezeichnung für die gängige Münzwährung. In Wien dagegen gab es K.K. privilegierte Retiraden[8], also kaiserlich begünstigte Rückzugsorte: Gemeint waren damit kleine hölzerne, fassähnliche Gefäße, auf Marktplätzen aufgestellt, die von tüchtigen Frauen betrieben wurden. Hier waren die Abtrittanbieterinnen bis Mitte des 19. Jahrhunderts groß im Geschäft. Offensichtlich störte es niemanden, dabei beobachtet zu werden, solange die privaten Körperteile verdeckt waren. Bei den öffentlichen Pissoirs in Paris, den Vestibülen, konnte man noch lange Zeit sehen, wer sich darin aufhielt. Lediglich die Körpermitte wurde verdeckt.

Die ersten öffentlichen Toiletten Deutschlands waren aus Gusseisen konstruiert. Somit konnten sie leicht an wechselnden Orten aufgebaut werden, falls sich die Anwohner – was oft vorkam – über sie beschwerten. 1876 standen sechsundfünfzig solcher Konstruktionen in Berlin, und es wurden immer mehr: Das Café Achteck, das Café Wellblech, der Madai-Tempel oder der Pinkelwinkel gehörten fortan zum europäischen Stadtbild. Endlich wieder Sitten wie im alten Rom. Dort war man mal wieder schlauer gewesen und hatte das Gesundheitssystem durchschaut: *»Amice fugit te proverbium. Bene caca et irruma medicos. – Freund, du vergisst das Sprichwort: Kacke gut und scheiß auf die Ärzte.«*

ILLUSTRATION: ***Abtrittanbieterin**, die einem feinen Herrn ihren Dienst anbietet. Er nimmt erleichtert an.*
Hintergrund: Berliner Stadtplan, Kupferstich 1789.

ALLESSCHLUCKER

Meist Männer, die als Attraktion auf Jahrmärkten und im Zirkus auftraten, Ungewöhnliches schluckten und oft auch wieder ausspien

ERKENNUNGSZEICHEN: *äußerliche keine; innerliche unbekannt*

AKTIVE ZEIT: *in Europa vom Beginn des 18. Jahrhunderts bis zur Mitte des 20. Jahrhunderts*

Anno 1788: Gerade hatten zwei Franzosen es geschafft, mit einem Ballon in die Luft zu steigen, da faszinierte eine andere Art, die Natur zu überlisten, die Menschen: *»Der einzigartige Steinfresser, der wirklich einzige auf der Welt, der Steine isst und schluckt und sie dann in seinem Bauch klingen lässt, als wären sie in der Hosentasche. Unser außergewöhnlicher Steinfresser leidet unter keinen Unbequemlichkeiten, und das, obwohl er sich von einer Speise ernährt, die für jeden anderen sonst ein vollkommen ungenießbares Mahl darstellen würde. Die verehrten Damen und Herren aus dem Publikum werden gebeten, Zünd- oder Kieselsteine mit zur Vorstellung zu bringen.«*[9]

So kündigte ein Programmzettel einen namentlich unbekannten, als Steinfresser aber berühmten Mann als Attraktion an. Er nahm Steine in den Mund, zermalmte sie oder schluckte sie ganz hinunter. Seine Kinnbacken dienten ihm als Kauwerkzeug, sein Magen dankte ihm die fettfreie Nahrung. Er trat in verschiedenen Etablissements in London auf, später auch in New York. Wie bei fast jeder Varieténummer umgab auch diesen Steinfresser eine sonderbare Geschichte: Er sei, so wurde erzählt, als einziger Überlebender eines Schiffbruchs auf eine kleine Insel vor Norwegen gespült worden und habe sich dort dreizehn Jahre lang nur von Steinen ernährt. Nun, da er wieder zurück auf dem Festland sei, halte er sich weiterhin an seine Diät.

Es dauerte nicht lange, da hatte der Steinfresser eine Menge Nachahmer.

Ein gewisser Siderophagus *»verzehrte Eisen in jeder Form: Nägel, Nadeln, Draht und Nussknacker eingeschlossen. Die Zuschauer werden aufgefordert, einen Bund mit Schlüsseln, einen Bolzen oder einen Schürhaken mitzubringen, was er alles so essen wird, als seien es Ingwerkekse.«*[10]

Und selbst Siderophagus hatte Nachahmer – nicht alle überlebten die Folgen ihres Plagiats.

Des Siderophagus Frau wiederum, Sarah Salamander, spezialisierte sich auf aqua fortis, Salpetersäure, die sie hinunterspülte *»wie Dünnbier«*. Andere würgten Uhren hinunter und ließen sie aus ihrem Bauch heraus ticken. Später kamen Glühbirnen hinzu, die aus dem Innern des armen Schluckers heraus leuchteten. Scheren, Schwerter, Regenschirme, kleine Gefäße – die menschliche Fantasie kennt im Grotesken keine Grenzen. Ein Allesschlucker namens Tarrare wurde von Napoleons Offizieren als Spion eingesetzt: Er verschluckte ein Kistchen mit geheimen Botschaften, das er – unerkannt beim Verbündeten angelangt – über seinen Hinterausgang hervorholte. Da er leider mit einem einzigartigen Magen, nicht aber mit Intelligenz gesegnet war, wurde der Versuch nicht wiederholt.

Besonders erwähnenswert ist in diesem Zusammenhang eine Berufsgruppe, die zu den Allesschluckern gehört, die man aber besser als »Vielfresser« bezeichnen sollte. Bereits Vospicius gibt Auskunft darüber, dass am Hofe des römischen Kaisers Aurelius ein Bauer eingeladen war, der ein Ferkel, ein Schaf und danach ein Wildschwein verzehrte. 1511 hatte Kaiser Maximilian einen ähnlich hungrigen Bauern geladen, der vor dem Hofstaat ein rohes Kalb zerfleischte. Als der Bauer sich dann auf den Kadaver eines Schafs stürzte, war das genug der monotonen Unterhaltung, und die Vorführung wurde abgebrochen.[11] Dabei hatte dieser Vielfresser noch Glück: Am dänischen Hof lebte ein Schauspieler, der über den Appetit und Leibesumfang von zehn Männern verfügte. Als der König vernahm, dass der Schauspieler aber nicht besser spielen konnte als die anderen Schauspieler, wurde er zum Tode verurteilt: Er stelle als »*Vertilger der Nahrung ein öffentliches Ärgernis dar*«.[12]

Im 17. und 18. Jahrhundert traten Vielfresser gehäuft auf Jahrmärkten und in Spelunken in England auf; es musste aber ein Franzose kommen, um ihnen das Handwerk richtig zu zeigen und es zirkustauglich zu machen: Dufour, der seit 1783 europaweit, auch in Berlin, seine Nummer darbot. Als echter französischer Feinschmecker hatte sich dieser Vielfresser eine interessante Menüfolge einfallen lassen, die Stein-, Alles- und Eisenfresser wie Langweiler aussehen ließ:

»Das Mahl begann mit der Suppe – Nattern in schwimmendem Öl. Auf jeder Seite stand eine Obstplatte, die eine enthielt Disteln und Kletten, die andere rauchende Säure. Oft waren Beilagen aus Schildkröten, Ratten, Fledermäusen und Maulwürfen mit glimmender Holzkohle garniert. Anstatt des Fischgangs verspeiste er ein Gericht aus Schlange in kochendem Teer und Pech. Seinen Braten bildete ein Waldkauz in einer Soße aus glühendem Schwefelkies. Der Salat erwies sich als Spinnennetze, die voll mit Knallfröschen waren, eine Platte mit Schmetterlingsflügeln und Würmern, dazu ein Gericht von Kröten, die von Fliegen, Grillen, Heuschrecken, Küchenschaben, Spinnen und Raupen umgeben waren. Er spülte das alles mit brennendem Branntwein hinunter, und zum Nachtisch aß er vier große Kerzen, die auf dem Tisch standen, die seitlichen Hängelampen samt ihrem Inhalt und schließlich die große Mittellampe mit Öl, Docht und allem Drum und Dran. Deshalb versank der Raum in Dunkelheit, aus der nur Dufours Gesicht in einem Gewirr züngelnder Flammen hervorglänzte.«[13]

Dufour markiert den Übergang des Allesschluckers vom einfachen Schausteller und Freak zum Profi. Er kombinierte seine Gabe, alles schlucken zu können, mit Spezialeffekten und Humor. Die Zir-

Speiseröhre
Cardia
Linker
Große Magenkrümmung
Kleine Magenkrümmung
Aufhängeband der Leber
Leberpforte
Gallenblase
Pförtner-
klappe

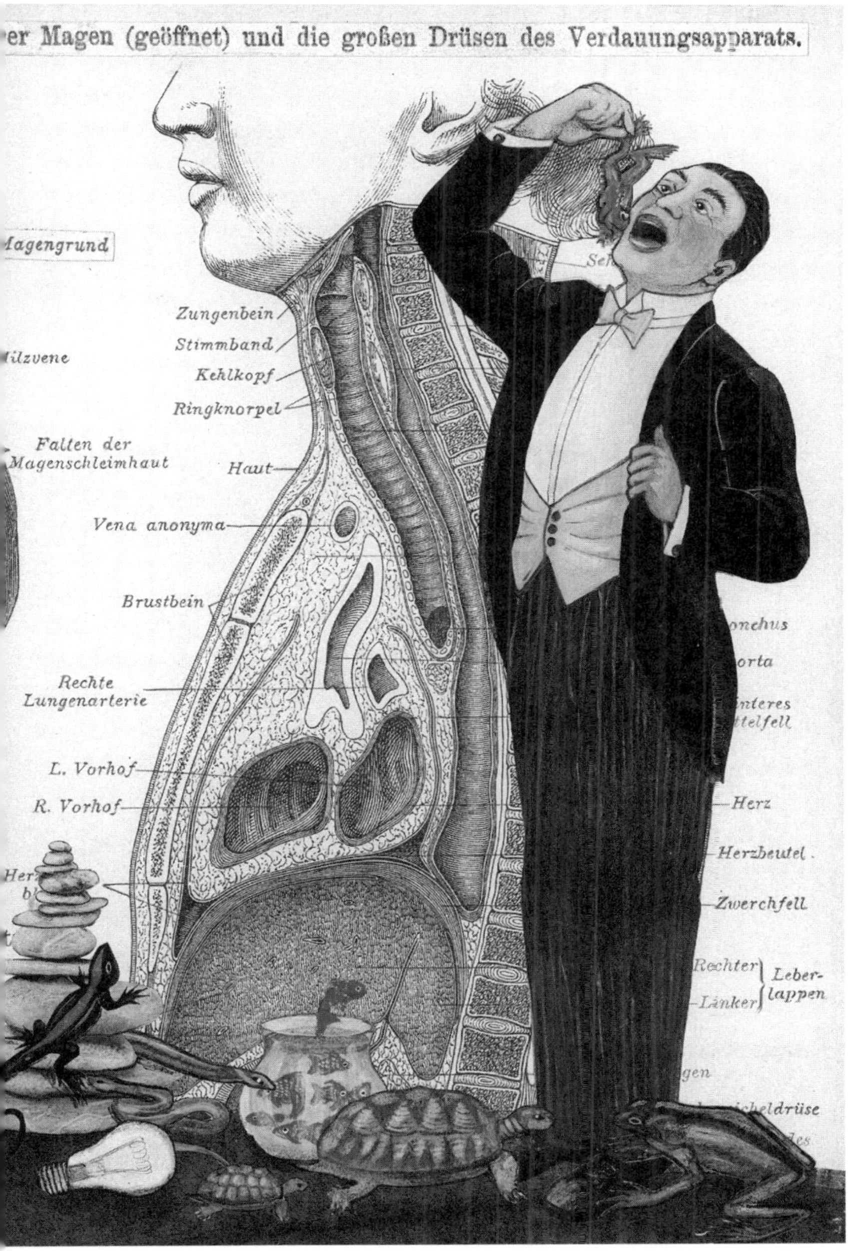
er Magen (geöffnet) und die großen Drüsen des Verdauungsapparats.
Magengrund
Zungenbein
Stimmband
Kehlkopf
Ringknorpel
Falten der Magenschleimhaut
Haut
Vena anonyma
Brustbein
Rechte Lungenarterie
L. Vorhof
R. Vorhof
Herz
Herzbeutel
Zwerchfell
Rechter
Linker
Leber-
lappen

kus-Ikone Paula Busch berichtet in ihren 1957 erschienenen Memoiren »Das Spiel meines Lebens« von einer Zirkusnummer, die als »das lebende Aquarium« bekannt wurde. Einer der wichtigsten Darsteller war ein gewisser Herr Max Wilton. *»Die Aufführung war mit starken Effekten gewürzt, genauso wie das Plakat, auf dem sich Wilton als Frackkavalier zeigte. Sein Frackhemd leuchtete wie die Scheibe eines Aquariums, hinter der sich Herrn Wiltons Inneres offenbarte: Zwischen den Rippen des Gentleman spielten wie zwischen Korallenriffen muntre Fische, tummelten sich Molche und züngelten Miniaturseeschlangen.«*[14]

Das war natürlich etwas übertrieben, deutete aber an, was genau Herr Wilton auf der Bühne zeigte: Er fischte sich lebende Fische und Amphibien aus einem kleinen Becken und schluckte sie hinunter. Danach trank er mehrere Liter Wasser, wartete eine Weile und ließ die Fische in seinem Bauch schwimmen. Er rauchte genüsslich eine Zigarette, ließ weitere Zeit verstreichen, holte dann ein Tier nach dem anderen wieder heraus und spie zum krönenden Abschluss das Wasser als Fontäne ins Publikum. Ein Kollege von ihm, Mac Norton, auch Allesschlucker beim Zirkus Busch, schloss seinen Akt mit den Worten: *»All alive and still kicking.«* Und als er im Alter von siebenundsiebzig Jahren starb, war er stolz darauf, dass nie ein Tier bei seinen Tricks gestorben war.

Aus ästhetischen und humanitären Gründen ist das Allesschlucken heute keine Zirkusattraktion mehr. Während in den zwanziger und dreißiger Jahren kein Allesschlucker im Zirkus oder bei Vaudeville Shows fehlen durfte, sind heute einzig die Schwertschlucker noch auf der Bühne anzutreffen.

ILLUSTRATION: *Der **Allesschlucker** Mac Norton, auch bekannt als das menschliche Aquarium, mit Kostproben seiner Kunst. Das Motiv ist angelehnt an ein französisches Originalplakat, das mit folgender Aufschrift versehen ist:*

»Mac Norton
The Aquarium Man
I say I am an extraordinary scientific phenomenon like the quadruped mammal with four stomachs (the cow).

I drink a punch bowl of water containing 220 liters in 2 hours 30
100 glasses of beer in 10 minutes.
I eat 208 loaves of dry bread of 1 pound each in 48 hours.
I swallow fishes, turtles, frogs, water snakes alive by the dozens.
I keep them not more than 2 hours in my stomach, just as Jonah in the whale, then I return them alive, even more alive than ever in their respective aquariums.«

Hintergrund: Illustration aus »Meyers Konversationslexikon«, Darstellung der Eingeweide des Menschen, Chromlithographie.

AMEISLER

Person, meist männlich, die Ameisenpuppen sammelte, sie trocknete und sie als Vogelfutter oder Medizin verkaufte
ERKENNUNGSZEICHEN: *bäuerliche Tracht, Strümpfe weit hochgezogen, um Ameisenbisse zu vermeiden*
AKTIVE ZEIT: *in Mitteleuropa bis in die zwanziger Jahre, in Niederösterreich sogar bis in die siebziger Jahre des letzten Jahrhunderts*

Das Gewicht aller Menschen auf der Erde ist heute größer als das aller Ameisen. Bis vor Kurzem war es umgekehrt; da wogen die Ameisen mehr. Es wäre jetzt einfach, die Schuld auf die Ameisler zu schieben. Dieser etwas drollig klingende Name bezeichnete eine Berufsgruppe, die vor allem in Niederösterreich, aber auch in anderen mitteleuropäischen Regionen in den heimischen Wäldern Ameisenhaufen »ernteten«. Ameisler waren auf der Suche nach Ameisenpuppen, die als Vogelfutter angeboten wurden und mit denen sich guter Gewinn erzielen ließ.

Es ist wohl wahr, dass der Beruf des Ameislers spätestens in den sechziger Jahren des letzten Jahrhunderts von den Forstbehörden verboten wurde, da er in die Ameisenbestände eingriff und das andere Gewicht, nämlich das ökologische Gleichgewicht, belastete. Aber die Aktivität des gemeinen Ameislers war nichts im Vergleich zur Bevölkerungsexplosion der Spezies Mensch, der er angehörte und die mit ihren geschätzten 6,9 Milliarden Bewohnern seit wenigen Jahrzehnten vermutlich mehr wiegen, als die geschätzten 10 bis 100 Billiarden Ameisen[15] dieses Planeten.

1886 schrieb der österreichische Heimatdichter Peter Rosegger über den Ameisler:

»Da kannst du im Walde einem sonderbaren Mann begegnen. Seinem zerfahrenen Gewand nach könnte es ein Bettelmann sein, er trägt auch einen großen Sack auf dem Rücken; aber über diesem Bündel und an all' seinen Gliedern … laufen in aller Hast zahllose Ameisen auf und nieder, hin und her.«[16]

Präziser wird das Buch »Das deutsche Land – geografische Charakterbilder aus den Alpen, dem Deutschen Reich und Deutsch-Österreich«[17] von 1892. Hier findet sich eine weitere Stelle über den Homo Ameisler:

»Der Ameisler ist eine Charakterfigur im Gebirge. Er durchstreift die Wälder, in denen die schwarze Ameise Abfälle von Nadelholz und Pflanzenteilen in solchen Mengen zusammenträgt, dass diese Haufen eine Höhe mitunter von einem Meter erreichen. In ihnen birgt das Tier seine Puppen, die sogenannten Ameiseneier. Diese sucht der Ameisler auf, und seine feine Ausbeute ist in manchen Sommern so beträchtlich, dass die Händler aus Wien sie ihm mit 200 Gulden bezahlen.«[18]

Wann genau der Ameisler die Bühne der Weltgeschichte betrat, ist unklar. Da er die Ameisenpuppen, die fälschlicherweise oft als Eier bezeichnet werden, als Vogelfutter anbot, muss er mit der Mode der Käfigvogelhaltung aufgekommen sein. Es gibt Werke, die über den babylonischen Vogelfang berichten; doch landeten die Vögel damals noch im Kochtopf und nicht im Vogelbauer. Danach taucht der Käfigvogel erst wieder in Beschreibungen und Gemälden der Renaissance auf. 1444 berichtete ein Italiener von einem Besuch in Wien:

»Der Bürger Häuser sind hoch und geräumig … die Vögel singen in den Stuben.«[19]

Und sehr viel später, als Mozart mit seinem Vogelhändler Papageno eine unvergessliche Figur kreierte, muss die Stubenvogelhaltung auf ihrem Höhepunkt gewesen sein:

»Die Wiener, besonders die Frauenzimmer, sind außerordentliche Liebhaber von Singvögeln … In allen Fenstern hängen schöne Käfige

mit Nachtigallen, Kanarienvögeln, Gimpeln, Amseln, Lerchen und anderen Singvögeln«, wie ein Zeitgenosse Mozarts schreibt.[20]

Die Familie Mozart selbst besaß Kanarienvögel, Meisen, Rotkehlchen und Grasmücken. Und ja, in einer Rechnung aus dem Hause Mozart tauchen auch die Ameisenpuppen auf.[21] Vor allem die Nachtigallen liebten diese eiweißhaltige Waldnahrung. Das Phänomen der häuslichen Singvögel war aber nicht nur in Österreich anzutreffen, sondern europaweit. Wenn man nur eine Facette dieses Zeitvertreibs beleuchtet, wird schnell klar, wie allumfassend dieses Hobby gewesen sein muss. Das englische Traktat »The Bird Fancyer's Delight« von 1714, das in ganz Europa erhältlich war, beschreibt zum Beispiel Melodien für Vögel, darunter ein Marsch aus Händels »Rinaldo«, für den Dompfaff.[22] Und wer seinen Vogel trällern lassen wollte, fütterte ihn besser mit gesunder Nahrung.

Es gab verschiedene Methoden, an dieses begehrte Futter zu gelangen. Zu Anfang musste der Ameisenhügel geöffnet werden: Da die Eier relativ weit oben liegen, um von der Sonne warm gehalten zu werden, musste der Ameisler erst einmal eine ganze Schicht Ameisenhügel absieben. Im Sieb blieben die groben Stücke wie Zweige, Borke und Blätter hängen. Ameisen, Puppen und Kleinteile fielen hindurch auf ein Tuch, das der Sammler darunter ausgebreitet hatte. Die Ränder des Tuches band er hoch, damit die durchgesiebten Ameisen nicht hinausklettern konnten, in die Ecken legte er Reisig. Dort, gut versteckt, brachten die Ameisen alsbald ihre »Eier« in Sicherheit. Während sie geschäftig umhereilten, sammelte der Ameisler alles andere ab, was auf dem Tuch gelandet war, und begann, die Ameisen mit Hilfe eines rauen Lappens zu entfernen. Schließlich nahm er die Kiefernzweige hoch, und was darunter zum Vorschein kam, waren die kleinen Puppen.

Für faulere Ameisler gab es noch andere Methoden. Nach dem Aussieben der Beute aus dem Hügel gruben diese Ameisler einen kreisförmigen Graben und füllten diesen mit Wasser. In der Mitte der dadurch entstandenen Insel hoben sie ein Loch aus, das mit Reisig gefüllt wurde. Auch bei dieser Methode brachten die Ameisen

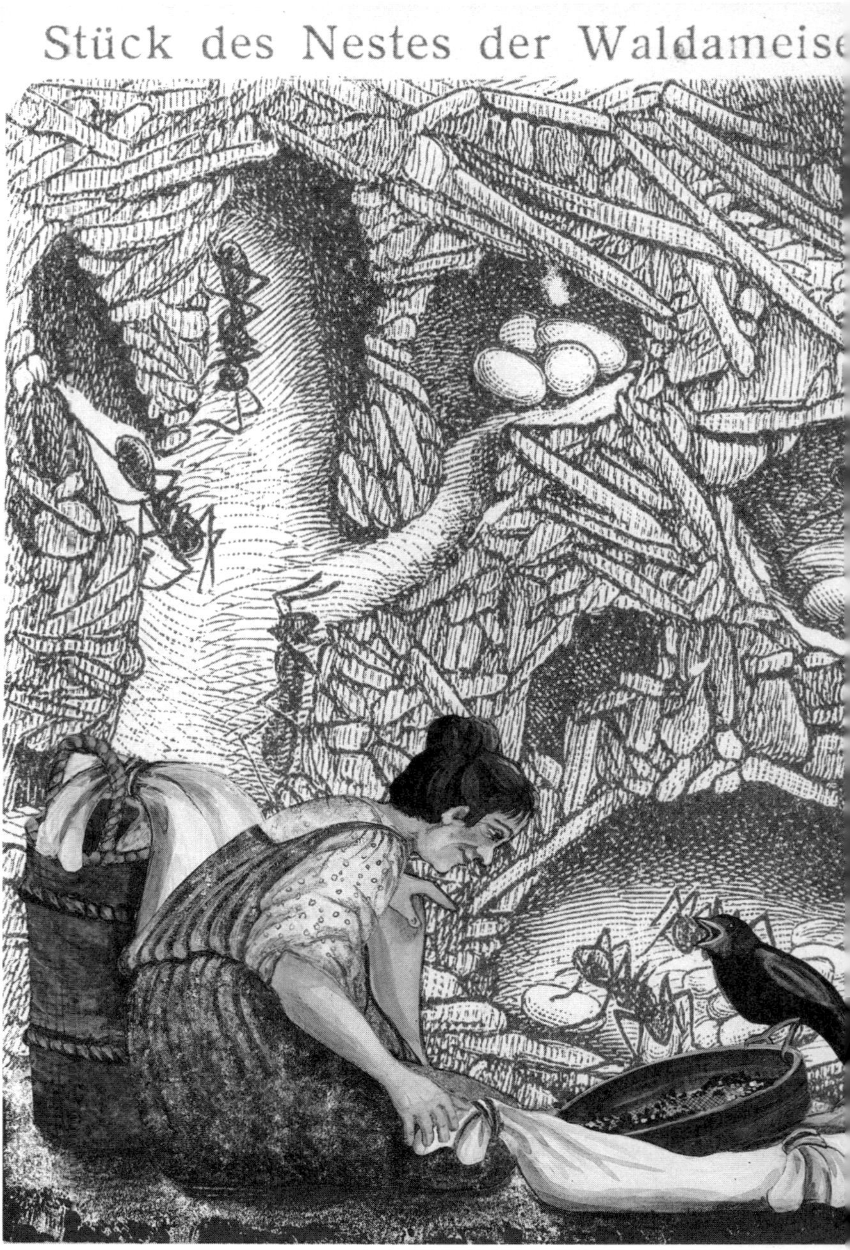
Stück des Nestes der Waldameis

(Formica rufa) im Längsschnitt.

ihre Puppen dorthinein in Sicherheit, und der Ameisler musste es nur noch entleeren. War er noch fauler, legte er in das Loch seinen Hut und sparte sich das Zusammenfegen der Puppen.

Die Puppen wurden im Sack auf dem Rücken nach Hause getragen und dort in einem Dörrhaus getrocknet, um sie haltbar zu machen. Zweimal im Jahr traf man sich mit dem Vogelfutterhändler aus Wien, der extra angereist kam. Ein Ameisler verdiente in den zwanziger Jahren des letzten Jahrhunderts besser als ein Maurer. Pro Tag konnte er um die fünf Kilogramm Eier sammeln.[23] Rund vierzig Jahre später gaben Ameisler an, sich von dem verkauften Ertrag eines Sommers einen Fernseher leisten zu können.[24] Bis hinein in die siebziger Jahre des letzten Jahrhunderts hielten sich Familien in bestimmten österreichischen Regionen den Sommer frei, um sich mit Ameisenpuppen ein üppiges Taschengeld zu verdienen, auch wenn von den meisten Forstbehörden das Ameislern verboten oder zumindest eingeschränkt worden war.[25]

In Niederösterreich gab es in manchen Gegenden sogar einen Stammtisch für die Ameisler. Ein Spruch, der über einem solchen eingraviert war, ist noch erhalten:

»Er: ›Geh', sag mir, Mirzl, weg'n was sich die Leut so spassen
und allweil die Amastrager hoaßen?‹
Sie: ›Na, weil wir uns halt Tag und Nacht plag'n
und unsere Sachen am Buckel umatrag'n.‹« [26]

Gegen die Ameisenbisse, die nicht ausblieben, gab es altbewährte Hausmittelchen. Wenn man beispielsweise die Hände mit Holundersaft einrieb, wehrte das die Ameisen ab. Da die Tierchen den Geruch aber als so penetrant empfanden, verließen sie ihren Hügel und bauten sich einen neuen. Den musste der Ameisler erst einmal wiederfinden, um ihn ernten zu können. Darum verzichteten viele auf dieses Hausrezept und ließen sich beißen. Vielleicht litten sie daher weniger an Rheuma. Dem Ameisengift wird Linderung bei diesem Leiden nachgesagt. Auch andere Krankheitssymptome konnten mithilfe der destillierten Waldameise behoben werden. Ein

Medizinbuch von 1908 rät, Ameisen in Spiritus eingelegt als Aphrodisiakum anzuwenden: »*Ameisengeist macht die feigen Krieger im Venuskampf beherzt.*«[27]

Wer sagt, größer ist besser?

ILLUSTRATION: ***Ameisler** und Gefährtin in niederösterreichischer Tracht und mit Rucksack, beim Sammeln und Aussieben von Ameisenpuppen. Hintergrund: Illustration aus »Meyers Konversationslexikon«, Stück des Nestes der Waldameise (Formica rufa) im Längsschnitt.*

AMME

(GRIECHISCH: TITTHE)

Muttermilch spendende Frau, die anstelle der leiblichen Mutter das Kind stillte

ERKENNUNGSZEICHEN: *saubere Kleidung, stilldösiges Verhalten (Stilldemenz als Dauerzustand)*

AKTIVE ZEIT: *seit der Antike bekannt, in Europa noch Anfang des 20. Jahrhunderts weit verbreitet bis zur Einführung des Milchpulvers*

Ihre Brüste müssen die Eigenschaften haben, die sie zum Säugungsgeschäft fähig machen; sie müssen also gut gebaut, nicht zu fett und strotzend, nicht hart und knotig, nicht zu schlaff und flach seyn; die Warzen müssen rein und gehörig gebildet, weder zu klein noch zu groß seyn, und die Milch sich leicht aus denselben bei dem Saugen ergießen, ohne auszufließen. Beide Brüste müssen gleichmäßig gebildet seyn, damit sie an beiden stillen kann.«[28]

So schrieb Carl Ferdinand Gräfe in seinem 1828 erschienenen »Encyclopaedischen Woerterbuch der medicinischen Wissenschaften« zum dringenden und praktischen Problem, eine geeignete Säugamme zu finden. Er empfahl, in welchen Situationen man einer Amme den Beischlaf erlauben oder untersagen sollte, welche Nahrung einer Amme verträglich sei, und riet ab, Ammen mit roten Haaren einzustellen, denn diese *»empfehlen sich aus dem Grunde nicht, weil sie meistens einen falschen Charakter und nebenbei übelriechenden Schweiß haben«.*

Die Geschichte der Amme reicht bis zurück in die Antike, war ihre Brust doch lebenswichtig für Säuglinge, deren Mütter im Kindbett starben oder selbst keine eigene Milch produzieren konnten. Ochsenhörner mit einem Loch versehen waren als Babyfläschchen zwar schon bekannt, boten aber keine Alternative, da Kuh-, Esels- oder Ziegenmilch vor der Homogenisierung und Pasteurisierung weder steril noch immer frisch erhältlich waren und somit große Risiken für die Gesundheit des Kindes bargen. Alete war früher lediglich ein Name aus der griechischen Mythologie.

Ammen wurden häufiger eingesetzt als notwendig. Schon der griechische Arzt Soranos von Ephesos (96 bis 138 n. Chr.) befand, dass Frauen sich durch das Stillen verausgabten und vorzeitig alterten. Ein Bild, das sich bis in die Neuzeit hielt. Um der wenig verlockenden Aussicht eines dahinwelkenden Körpers zu entgehen, hielten sich die Römerinnen der Oberschicht eine Haussklavin als Amme. Ein Zeitgeschmack, den der Schriftsteller Tacitus im zweiten Jahrhundert n. Chr. nicht teilte: Er rühmte die Germaninnen, die ihre Kinder selbst stillten. Tacitus' argumentativer Standpunkt war zugegebenermaßen schwach in einer Kultur, die stolz auf ihre Gründer blickte: Der Legende nach sollen die Zwillinge Romulus und Remus gar von einer Wölfin genährt worden sein.

Amme oder keine Amme: Der Disput verlor über die Jahrhunderte nicht an Brisanz. Während die italienischen Künstler der Renaissance das Bild der *virgo lacto*, der stillenden Muttergottes, in den Kirchen verewigten, war Raffael der Einzige, der von seiner leiblichen Mutter genährt wurde. Michelangelo, den in jungen Jahren der Busen einer Steinmetzfrau labte, soll erzählt haben: *»Mit der Milch [habe ich] Meißel und Hammer eingesogen, womit ich meine Figuren mache.«* [29]

Sein Ausspruch kommt nicht von ungefähr. Lange Zeit ging man davon aus, dass Muttermilch umgewandeltes Menstruationsblut sei: Während der neun Monate im Bauch der Mutter wurde das Kind von ihrem Blut gelabt, nach der Geburt vom veränderten Blut aus der Brust. Da sei es kein Wunder, dass sich der Charakter der Amme auf das Kind übertrage. Es hieß: Wenn ein Junge die Milch einer hitzigen Amme trank, konnte er weibisch werden, Mädchen, die nicht die Milch einer charakterlich ähnlichen Frau genossen, männisch. Die Gräfin Ida, Kreuzfahrergattin, wurde posthum zur Heiligen erklärt, weil sie ihre drei Söhne selbst stillte – zumal die zu solchen Prachtkerlen wie Balduin von Jerusalem heranwuchsen. Als sie einmal beschäftigt war und eine Frau aus ihrem Gesinde das schreiende Baby mitleidig stillte, zwang die heilige Ida ihr Kind, das Getrunkene zu erbrechen. Man ist, was man isst.

Martin Luther, der Pragmat, hatte auch zu diesem Thema eine Meinung: *»Brüste sind eines Weibes Schmuck, wenn sie ihre Proportion haben; große und fleischliche sind nicht am besten, sie stehen auch nicht besonders gut, verheißen viel und geben wenig. Aber die Brüste, die voller Adern und Nerven sind, wenn sie auch klein sind, stehen auch den Weibern gut und haben viel Milch, damit sie die Kinder stillen können.«* [30]

Er überzeugte aber nicht alle.

Von 21 000 Geburten der Stadt Paris im Jahr 1780 wurden 17 000 Kinder zu Ammen aufs Land gebracht, 700 genossen das Privileg einer Säugamme, die nach Hause kam, 2000 bis 3000 Kinder wurden in Heimen abgegeben, und nur 700 Kinder blieben bei ihren Müttern.[31] In Hamburg sahen die Zahlen nicht viel anders aus: Im 18. Jahrhundert waren 4000 bis 5000 Ammen in der Stadt beschäftigt. Stillen galt als lächerlich und ekelhaft, als weder amüsant noch als schick. Sollten doch andere diese lästige Arbeit erledigen. Für die Familienväter hatte die Amme einen weiteren Vorteil: Die Ehefrau konnte schneller wieder geschwängert werden und der Kinder Schar wachsen. So war der Beruf der Amme für einfache Frauen vom Lande ein einträgliches Geschäft. Einen Qualitätsanspruch konnten die wenigsten erfüllen, Hauptsache, sie hatten Milch. Da selbst die Jungfrau schon zum Kinde kam, war dieses Kriterium nicht allzu schwer zu erfüllen. August Bebel schrieb 1879 von »Ammenzüchtereien«, von Vätern, die ihre Töchter zur Schwangerschaft trieben, um sie als Amme zu vermitteln. In Paris brachten organisierte Wagenkolonnen die Säuglinge der Stadtbürger schon wenige Tage nach der Geburt zu den Ammen im Umland, nach zwei

Strowa amma
do Hirschberga ße ned pyta. Dalsche
sgonijo pla
R. Wagnera,

Schescheniza
(Amme) ße pyta ned wot
Choschebusu,

Jahren kamen die Kinder wieder nach Hause, hoffentlich ins richtige. Wer schrie, wurde bei den Ammen nicht immer gleich an die Brust genommen, sondern durfte zum Ausgleich auch mal an mit Mohn gefüllten Beutelchen lutschen.

Und wie stillte die Mutter ab? Vom Hof Ludwig XIII. ist überliefert, dass man Hundewelpen an die Mutterbrust setzte. Das war nun wirklich lustiger und schicker.

Kritiker des Ammenwesens beklagten, dass mehr Aufwand betrieben wurde einen geeigneten Metzger zu finden, als eine gute Amme, zumal man dem Busenwunder das aus heutiger Sicht Kostbarste anvertraute. Meist fiel es den Vätern zu, eine gesund aussehende, schwangere Frau auf dem Markt anzusprechen, ob sie bereit sei, sein Kind mitzustillen. Erst später kristallisierten sich Agenturen heraus, die stramme Ammen vermittelten.

Seit in Berlin die Kinder Kaiser Wilhelms II. von einer Spreewaldamme großgezogen worden waren, galten die Sorbenfrauen als Inbegriff des vertrauenswürdigen Kindermädchens und wurden zum Statussymbol im Berliner Milieu. Sie hatten außerdem den Vorzug, dass sie bei der Familie einzogen und man die Kinder nicht wegschicken musste. In Zilles Berliner Bildern prägen die in ihre weiße Tracht gekleideten Spreewaldfrauen das Stadtbild und inspirierten ihn zu folgendem Gedicht:

»Wenn in'n Tiergarten de Ammen
Unscheniert die kleenen Strammen
Frische Nahrung lassen ziehn –
Denn is Frühling in Berlin!«

Es wird nicht wenige Nichtsorbinnen gegeben haben, die sich ein solch ethnisches Ammenkostüm zulegten, vielleicht auch angestiftet von den Familien, bei denen sie arbeiteten. *»Kein Ausgang jedoch ohne Haube. Sie war sozusagen das Markenzeichen, das nicht nur die Trägerin, sondern auch die Familie erst ins rechte Licht rückte, die sich ein solches Prachtexemplar leisten konnte.«* So schrieb Sibylle

Niemöller von Sell in ihren Memoiren über die Ammen ihrer Berliner Kindheit. War eine gute Milchfrau gefunden, konnte das Verhältnis zwischen Kind und Stillmutter ein sehr herziges werden und ein Leben lang andauern. In unzähligen Briefen und Postkarten berichtete der Prinz von Hohenzollern immer wieder an seine Spreewaldamme: Von seinem Verhältnis zu seiner Frau, von seinen Kindern und bat auch darum, ihm an seine Privatadresse zu antworten.

Dass Säugamme ein durchaus schöner Beruf oder auch Berufung sein konnte, beschrieb im 17. Jahrhundert der Arzt und elffache Vater Laurent Joubert, Professor an der medizinischen Fakultät der Universität von Montpellier: »*Wenn die Frauen nur die Freuden des Stillens kennen würden – sie würden es nicht nur bei ihren eigenen Kindern tun, sie würden sich selbst ausleihen: Stillende Frauen sind gewöhnlich voller Liebe und Hingabe auch fremden Babys gegenüber. Kann man sich einen schöneren Zeitvertreib vorstellen, als mit einem Säugling, der zu seiner Amme zärtlich ist, der sie streichelt, während er trinkt; mit einer Hand entblößt und befingert er die Brust und mit der anderen Hand greift er nach ihrem Haar oder ihrer Halskette und spielt damit. Mit seinen Füßen strampelt er nach denen, die ihn stören wollen, und im selben Moment beschenkt er seine Amme mit tausend kleinen lächelnden Blicken aus seinen verliebten Augen… Welch Wonne, das anzusehen!*«[32]

ILLUSTRATION: *Spreewald-**Amme** in sorbischer Tracht beim Stillen eines ihr anvertrauten Kindes.*
Hintergrund: In Sorbisch gehaltene Anzeigen im »Bramborski Casnik« (niedersorbische Wochenzeitung) zwischen dem 11. März 1896 und dem 5. Juli 1900, in denen eine Amme für Herrschaften in Cottbus gesucht wird.

BÄNKELSÄNGER

Auf öffentlichen Plätzen anzutreffender Sänger, der »Neues, Ungeheuerliches, Weltwichtiges« aus der Zeitung oder aus der Welt verbreitete
ERKENNUNGSZEICHEN: *das Bänkel zum Draufstehen, Drehorgel oder Leierkasten, Schaubild, ausgefallene Kleidung*
AKTIVE ZEIT: *1600 bis etwa 1920*

»Hört, Leute, hört, was ich berichte!
Der kauft mein Lied, den schlägt ein Herz!
Und singen will ich die Geschichte,
Es weint das Aug', groß ist der Schmerz,
Fünf deutsche Sklaven in Algier,
von diesen singe ich allhier.«

Während auf dem Marktplatz das Treiben in vollem Gange ist, stellt sich ein seltsam gekleideter Mann auf eine kleine Bank und zeigt bei diesen Worten auf ein Schaubild, das er hinter sich aufgestellt hat. Darauf sind fünf traurig blickende, in Lumpen gekleidete Menschen zu sehen. Sie befinden sich in einem fernen Land, was unschwer an den im Hintergrund aufgemalten Palmen zu erkennen ist. Der Mann, ein Bänkelsänger, erhebt wieder die Stimme, und laut ertönt der Titel des anzukündigenden Stückes: *»Fünf unglückliche deutsche Matrosen«*. Und weiter: *»Brögemann und Holsten, beide aus Pillau in Alt-Preußen, Beck und Hollmann aus Memel und Beyer aus Hamburg, welche von den Seeräubern in die Sklaverei gebracht wurden* *und sich da mit Hülfe einer jungen Schwedin selbst aus der Sklaverei befreit haben, indem sie auf einem kleinen Nachen in die offene See gestochen sind. Unterwegs hat sie der Hunger so sehr gepeinigt, daß der eine Kamerad, Beyer, sich selbst erstach, daß sie sein Fleisch essen sollten, um sich von dem Hungerstode zu retten.«* [33]

Wer jetzt nicht stehen blieb, um diese ungeheuerliche Geschichte in aller Ausführlichkeit zu hören, dem konnte auch nicht geholfen werden. Furchtbares hatte sich da zugetragen. Ein schreckliches Ereignis! Man stelle sich das vor! Der Bänkelsänger erhebt erneut die Stimme und trägt das ganze Lied in mehreren Versen vor. Dabei greift er zu einer Drehorgel und begleitet seinen Sing-Sang in einer eintönigen Melodie.

Trauer, Schmerz, Furcht, Grausen: Der Bänkelsänger weiß, wie er dem Volk die Gefühle zu entlocken hat. Denn, so lautet eine alte Bänkelsängerweisheit: *»Rührung öffnet die Geldbeutel, Lachen schließt sie.«* Ist die Geschichte vorgetragen, läuft der Spielmann mit einem Hut herum und sammelt Geld ein. Er bietet auch kleine Heftchen zum Kauf an, meist mit drei Liedtexten, zum Teil mit Illustrationen.

Die erste schriftliche Erwähnung eines Bänkelsängers datiert von 1709; aber es wird ihn in dieser Form schon vorher gegeben haben, als Weiterentwicklung der Spielmänner und Reimsprecher des Mittelalters. Zunächst traten invalide Soldaten und Landstreicher, die herumgekommen waren und von Ereignissen aus anderen Gegenden in Liedform berichteten, als Bänkelsänger auf. Später war der Bänkelsänger ein richtiger Beruf, oft als Paar – Mann und Frau –, häufig sogar als Familie organisiert. Die Kinder liefen im Publikum herum und sammelten Geld ein, manchmal sangen sie auch mit. Manchem Stück kam zugute, wenn es sowohl von zarten Knabenstimmchen als auch mittels sonorer Töne vorgetragen wurde.

Berichtet wird aber auch von sesshaften Bänkelsängern, die in Mundart sangen und selbst die Texte für ihre Lieder schrieben. Ein berühmtes Beispiel ist der blinde Bänkel- beziehungsweise Zeitungssänger Philipp Keim (1804 bis 1884), der in der Mannheimer

Gegend sein Brot und seine Wurscht verdiente. Er muss ein solches Unikum gewesen sein, dass ein Volkswirt aus Leipzig sich in seinen Memoiren an Keim erinnerte: »*Eine originelle Erscheinung war er … der erblindete Philipp Keim von Dietenbergen, der mit seiner Frau Lisbeth im ganzen Lande Nassau umherzog und überall die von ihm selbst gefertigten Lieder mit lauter Stimme vortrug. Diese Lieder wechselten mit den Zeitereignissen und waren nach dem Grundsatz ›Reim dich oder ich freß dich‹ zusammengefügt. Wo der Reim nicht klappen wollte, wurde er durch ein stereotypisches ›Ja, ja‹ am Ende einer Zeile ersetzt. Als Selbstdichter hielt sich Keim natürlich für etwas Besseres als andere Orgelmänner und schloss seine Vorträge gewöhnlich mit der Aufforderung an seine Gattin: ›Lisbeth, heb die Grosche uff‹, indem er damit andeutete, dass er mit Kupferkreuzern nicht belohnt sein wolle. Natürlich hat er auch diese nicht verschmäht. Ich erinnre mich noch an seine Rhapsodie auf die Mainzer Pulverexplosion, bei deren Vortrag er sich so gewaltig in Begeisterung hineingesungen hatte, daß er sich am Schlusse die hellen Schweißtropfen mit dem Rockärmel von der Stirne wischte.*« [34]

Auch in anderen Zeitzeugenberichten wird erwähnt, dass, wenn Philipp Keim auftauchte, Jung und Alt angerannt kamen, um ihm zuzuhören.

Nichtsesshafte und weniger stadtbekannte Bänkelsänger mussten mit anderen Mitteln auf sich aufmerksam machen. Ein Affe gehörte oft zur Ausstattung, die Kleidung war ausgefallen und hob sich optisch von der des Volkes ab. Entweder trat der Bänkelsänger autoritär auf und trug einen Frack, Handschuhe und Dreispitz, oder aber er wählte das mitleiderregende Kostüm: Lumpen und Verbände. Als Fahrender, am Rande der Gesellschaft Lebender konnte er auf diese Weise bezeugen, dass das Leid, das er besang, auch zum Teil sein eigenes war.

Inspiriert wurden die Bänkelsänger von Zeitungsblättern, die seit Ende des 15. Jahrhunderts zirkulierten, von religiösen Gesängen und moralischen Geschichten, die sie auf ihren Reisen aufschnappten und weiterdichteten. Sie verwendeten dabei eine schwülstige Sprache, in die immer wieder Ausdrücke wie »*Ach, o weh*«

1. War ein Mann
Und weil Je
Mann;
an;

War ein gar zu
Fing er stracks zu
Zett = =
er

eingeflochten wurden sowie die üblichen verdächtigen Adjektive: »*schauerlich, fürchterlich, tragisch*«. Die Lieder handelten oft von Verbrechen, Morden und Räuberbanden. Aber auch politische Ereignisse wie die Hinrichtung König Ludwig XVI. in Frankreich wurden besungen oder eine Seeschlacht vor Helgoland. Es gab Texte von Katastrophen, von schrecklichen Bränden oder Überschwemmungen, in denen die Zuhörer vom Weh anderer erfuhren und aufatmen konnten, dass sie verschont geblieben waren, sei es aus Gottesfurcht oder aus Tugendhaftigkeit. Auch das Schicksal des jungen Werther und die darauf folgende Selbstmordwelle waren es wert, in Text und Lied umgewandelt zu werden. Die Moral am Ende der Geschichte rührte das kleinbürgerliche Zuhörermilieu. Das Publikum war dankbar, dass all diese schrecklichen Dinge sich woanders zugetragen hatten. In katholischen Gegenden verdienten Bänkelsänger nachgewiesenermaßen besser als in evangelischen. Aus den Bänkelgesängen entwickelten sich zur Zeit der Romantik die Moritatenlieder und Balladen, die jedoch im Unterschied zum volkstümlichen Bänkelgesang als Kunstform anerkannt wurden und bei denen die Pointe, nicht die Moral im Vordergrund steht.

Indem sie mit ihrem Repertoire über die Lande zogen, trugen die fahrenden Sänger zur Verbreitung von Liedgut bei. Auch förderten sie mit ihren spießigen Moralvorstellungen ein Gruppendenken innerhalb der kleinbürgerlichen Auftrittsorte, indem sie aufzeigten, was denen widerfuhr, die gegen die allgemein gültigen Werte und Sitten verstießen.

Mit der Zeit entwickelten sich sogar Verlage, die sich auf Bänkelgesänge spezialisierten und diese auf billigem Papier und in einfacher Fertigung druckten, so dass die Leute die Blätter auch zu anderen Anlässen herausholen konnten. Matrosen sollen gute Abnehmer von diesen Liedtexten gewesen sein, die sie in einsamen Stunden auf dem Meer hervorkramten.

Bis um zirka 1920 fand man innerhalb Deutschlands noch Bänkelsänger. Die letzten ihrer Art benutzten nicht mehr Schautafeln mit gemalten Bildern, sondern ausgeschnittene Zeitungsfotos, die, als Abbildung der Realität, den abstrusen Wahrheitsgehalt der Gesänge unterstützen sollten. Dann starben die Barden aus. Heute bedienen die Illustrierten einen ähnlichen Markt und füttern laut und in bunten Bildern die Gesellschaft mit ihrer Wahrnehmung von Werten und Moral. Wie wahr die Geschichten letztendlich sind, interessiert niemanden.

ILLUSTRATION: *Schauerliche Moritaten vortragender* ***Bänkelsänger*** *mit Schautafel. Rechts neben ihm seine Frau, die gedruckte Liedblätter einem Zuhörer zum Kauf anbietet.*
Hintergrund: Bänkellied aus Doktor Eisenbart »Des verwegenen Chirurgus weltberühmt Johann Andreas Doctor Eisenbart Zahnbrechers, Bänkelsängers, Okulisten, Steinschneiders Tugenden und Laster auf Reisen und Jahrmärkten, mancherley bewährteste Artzneyen in Not und Tod sambt vielen Orakeln, Mirakeln, Spektakeln, insonderheit auch philosophische, politische, moralische, mythische Tractata und sehr bedeutsame Mitteilungen zahlloser erschröcklicher und lustiger Begebenheiten getreulich dargestellt und vorgestellt … / vom rechtschaffenen, rite approbierten Collegen Josef Winckler.«

FISCHBEINREISSER

Zerkleinerte die mannshohen Barten von Walen, ein Material, das sich durch ungeheure Elastizität auszeichnet, um diese an Kleider- und Galanterieartikelmacher zu verkaufen
ERKENNUNGSZEICHEN: *lebte in Hafenstädten, sonst kein besonderes Kennzeichen*
AKTIVE ZEIT: *von ca. 1500 bis Anfang 20. Jahrhunderts*

Bis zum Beginn des 20. Jahrhunderts verdankten Frauenkörper ihre perfekte und anmutige Form dem Walfisch. Auch der Mann, wenn die Mode es erlaubte, schuldete sein Auftreten eben diesem. Die Barten des größten aller Säugetiere nämlich, fälschlicherweise Fischbein genannt, bildeten das Skelett für Korsetts, Reifröcke, Hüte, Schuhe, Regenschirme, Sonnenschirme, Fächerstäbe, Angeln, Puffärmel und viele andere Galanterieartikel. Und das schon, seit man dieses enorm elastische Material vor fast fünfhundert Jahren entdeckt hatte.

Der Beruf des Fischbeinreißers ist dabei schnell beschrieben und stützte die Mode-Industrie wie das Fischbein das Korsett. Er war wie jeder andere Arbeiter dieser Zeit froh, Geld zu verdienen, und fand sich wieder in öligen Fabriken in Hafennähe, nicht aber in dichterischen Werken gewürdigt. Wie wichtig das Rohmaterial Fischbein, das er bearbeitete, für Mode, Literatur, Emanzipation und Wirtschaft war, ist eine andere Geschichte.

Doch zunächst ein Eintrag aus dem »Universal Lexikon der Handelswissenschaften« von 1837, in dem knapp alles Wissenswerte über die Tätigkeit des Walbartenverarbeiters dargestellt wird:

»Fischbein (franz. baleine; engl. whalebone). Unter diesem Namen versteht man die gereinigten und in Stücke von verschiedener Größe gespaltenen (gerissenen) Walfischbarten. Man spaltet zuerst die Barten mit scharfen eisernen Keilen, sticht dann mit schmalen eisernen, schaufelähnlichen Werkzeugen die Stücke ab und stößt das Weißliche an den Spitzen mittelst eines stumpfen Meißels los; hierauf legt man das Fischbein in Wasser, reibt oder schabt die Haare ab, weicht es abermals in heißem Wasser und spaltet es endlich mit großen scharfen Messern zu Stäben oder Stangen, welche beschabt werden. Je nach dem Zwecke, zu welchem dieselben verwendet werden sollen, macht man sie von verschiedener Länge. Der Preis richtet sich vornehmlich nach der Stärke und Länge. Fischbeinreißereien befinden sich in Holland, England, Kopenhagen, und in Deutschland zu Hamburg, Altona, Bremen, Lübeck, Berlin, Breslau, Prag, Wien, Nürnberg, Augsburg.«[35]

In einem Dokument[36] über die Fischbeinverarbeitung in den Vereinigten Staaten von Amerika, die den weltweit größten Fischbeinhandel betrieben, wird auf die verschiedenen Qualitäten der Barten hingewiesen. Man unterschied zwischen Korsett-Fischbein, Kleider-Fischbein und Peitschen-Fischbein. Das Korsett-Fischbein war von der schlechtesten Beschaffenheit. Es wurde vom Rand der Barten geschnitten und war leicht zerbrechlich. Es taugte lediglich dazu, in Nähte gesteckt zu werden, jeder Nadelstich hätte es zerbröckelt. Das etwas teurere Kleider-Fischbein war versatiler und seltener: Es hielt Nadelstiche aus, konnte also direkt in die Kleider hineingenäht werden. Das Peitschen-Fischbein dagegen zeichnete sich durch seine extrem hohe Elastizität aus, weshalb es für das Züchtigungswerkzeug eingesetzt wurde. Am teuersten war das weiße Fischbein, das sehr selten vorkam. In helle Kleider eingenäht, blieb es unsichtbar.

In Europa jagten zuerst die Männer der Biskaya die seit dem 12. Jahrhundert in ihren Gewässern schwimmenden Grindelwale oder den atlantischen Nordkaper und rotteten die Meeressäuger damals schon fast aus. Noch heute zeugen Wachtürme entlang der

Küste von der wirtschaftlichen Bedeutung dieses Gewerbes. Während die Basken hauptsächlich am Tran interessiert waren, muss man irgendwann entdeckt haben, dass die biegsamen und so leicht zu zerteilenden Barten ein wunderbares Material waren, mit dem sich so einiges anstellen ließ. Zuerst wurde es nur spärlich eingesetzt, als Verstärkungsmaterial: Die Frauen trugen sogenannte Hennen, spitze Hüte, die Männer setzten es für eine gewagte modische Raffinesse am unteren Ende des Körpers ein: den Schnabelschuh. Dank des neuen, wundersamen Materials, das man in die Spitzen der Schuhe steckte, konnten diese bis zu zwei Fuß lang werden und mussten lediglich mit einer Kette nach oben an das Bein gebunden werden, um nicht darüber zu stolpern.[37]

Im großen Stil wurde das Fischbein aber erst am spanischen Hof verwendet, unweit vom Land der Basken, wo man die Frauen kegelförmig liebte. Dank des elastischen Materials, das mit nichts bis dahin Bekanntem zu vergleichen war, ließen sich geniale künstliche Formen erzeugen, von denen jeder Kubist auf späteren Reformbühnen geträumt hätte: Die weibliche Figur wurde zum geometrischen Objekt. Die Frau am spanischen Hof kleidete sich mit steifem Oberkörper, die Taille zusammengeschnürt und den Rock wieder ausladend drapiert. Das alles in Schwarz gehalten, und die Conquestadora verlor optisch alles Menschlich-Weiche. Welche Vielfalt an gestalterischen Möglichkeiten dank Fischbein! Das gefiel auch Queen Elizabeth I., der Virgin Queen, die sich in diesem entfremdeten Körperideal wiederfand und es am englischen Hof einführte. Sie war es auch, die den englischen Walfang vorantrieb und die Muscovy Company gründete, eine Gesellschaft von »wagemutigen Kaufleuten«, die Wale in allen Meeren jagen sollten. Eine der ersten kaufmännischen Aktiengesellschaften, wie später die Ostindien-Kompanie eine wurde. Interessant an diesem Umstand ist, dass dieses Unternehmen hauptsächlich von Tuchmachern vertreten wurde, von Händlern also, die an den Barten für den Einsatz in der Mode-Industrie interessiert waren. Der vielseitig verwendbare Tran stand dabei erst an zweiter Stelle.

Als mit Katharina von Medici eine italienische Dame von Welt

2. Grönlandswal

(Balaena mysticetus).
rt. *Walfisch.*)

den französischen Thron bestieg, war das Schicksal der Wale besiegelt und für die nächsten Jahrhunderte der Beruf der Fischbeinreißer nicht mehr vom Erdball wegzudenken. Wer hätte sich diesem modischen Diktat widersetzen können: Katharina verordnete ihren Hofdamen einen maximalen Taillenumfang von dreiunddreißig Zentimetern. Der war nur zu erzielen, indem man den Körper in ein durch Fischbein gestärktes Korsett zwängte und schnürte. Holz wäre bei dieser Kraftprobe zerborsten.

Ironie der Geschichte, dass ausgerechnet die prüden, von jeglicher Mode abgewandten Puritaner der nordamerikanischen Insel Nantucket sich seit 1715 mit dem Walfischfang beschäftigten und die weltweit größte Walfischindustrie aufbauten. Den Tran verarbeiteten sie selbst, die Barten verschickten sie nach Europa, wo die Kunden der Korsett- und Reifrockmacher nach Fischbein lechzten und hohe Preise dafür zahlten.

1774 erschien in Deutschland ein Lehrbuch für Kinder mit dem Titel »Elementarwerk. Ein geordneter Vorrath aller nöthigen Erkenntniß«. Johann Bernhard Basedow erklärt darin die Welt anhand von Gesprächen zwischen einer Mutter und ihren Kindern:

»Caroline (Tochter): ›Die Schnürbrüste, Schleppen und Reifröcke gefallen mir gar nicht. Die ersten drücken, die zweyten beschweren und sind nur geschickt, Unreinigkeit mit nach Hause zu bringen. Die Reifröcke sind unbequem, und ich freue mich, daß wir keine gebrauchen.‹

Mutter: ›Ich bin deiner Meynung. Aber den Leuten gefällt oft etwas, welches ihnen nicht gefallen sollte. Die Art, sich so zu kleiden, ist in unserem Stand die üblichste, oder sie ist für uns Erwachsene Mode. Wer der Mode zuwider handelt, der mißfällt. Und wir müssen lieber unter einigen Beschwerlichkeiten leiden, als vielen guten Menschen mißfallen.‹«[38]

Korsetts waren wahrhaftig keine bequeme Kleidung. Je nach Geschmack der Zeit sollten die Frauen den Busen mit Hilfe eines Fischbeinstabes vor der Brust wegquetschen oder hochpushen und, falls nicht reichlich vorhanden, mit aufgesetztem Wachsbusen unterstützen. Durch die Einschnürung ins Korsett ließ sich so manche Schwangerschaft verdecken oder gar abtreiben; Schneewittchen starb fast an den Folgen eines zu eng geschnürten Mieders. Verformungen des Körpers und der inneren Organe nahm man in Kauf.

Ohne die Französische Revolution wären die Wale vielleicht wirklich ausgestorben. Sie war eine Zäsur, auch für die Mode. Danach pflegte man sich aufgeklärt zu unterhalten und besann sich auf die Schönheitsideale der alten Griechen. Frauen kleideten sich nun leicht und luftig, spielten mit ihren natürlichen Reizen und Formen, ja, banden sich zum Teil sogar Rosshaarkissen um, eine Schwangerschaft vortäuschend. Korsetts und Reifröcke waren out. Die Preise für Fischbein sanken ins Bodenlose. Walfischflotten gingen bankrott. Und dann kamen sie plötzlich wieder, das Korsett und die Krinoline – der Reifrock – und sogar das Korsett für den Mann. Und der Walfang lohnte sich erneut.

Während zuvor die Korsetts und Reifröcke nur den oberen Schichten zustanden, wurden diese im 19. Jahrhundert von jeder Frau getragen, wie ein gewisser Schultze in seinem 1868 veröffentlichten Buch »Die Modenarrheiten. Ein Spiegelbild der Zeiten und Sitten für das deutsche Volk« schrieb:

»Von der Fürstin abwärts bis zur Dienstmagd wagte sich kein weibliches Wesen der Krinoline zu entziehen… die Köchin pranget am Feuerherd wie am Wasserzuber in ihrem Ballon, und unter dem Kleiderumfang des Kindermädchens wurden die auf der Erde spielenden Kinder begraben.«[39]

Eine sächsische Miederfabrik soll zu dieser Zeit innerhalb von zwölf Jahren 9597600 Krinolinen produziert haben und entwickelte immer neue Modelle, wie zum Beispiel den »Faulenzer«, den man tagsüber »einfach« lösen konnte, um Mittagsschlaf zu halten. Selbst wenn die billigeren Korsetts nur durch geschickte Nähte und nicht durch Fischbein gestärkt wurden, so war der Verbrauch an Barten enorm.

Sie wurden teuer. Die Walfangindustrie boomte. In der zweiten Hälfte des 19. Jahrhunderts reichte eine Fangsaison aus, um Bau und Ausrüstung der Schiffe sowie Löhne der Arbeiter wieder einzuspielen.[40] Die Proviantliste des deutschen Walfängers Flora listete nicht etwa Schiffszwieback, sondern Senf, Butter, Kaffee, Suppenkraut, Bier, Branntwein, Sirup. Diesen Luxus leistete sich nur ein Schifffahrtsunternehmen, das sich Gewinn versprach.

Die Männer Europas standen ziemlich blass da neben ihren aufgetakelten Frauen. Die Materialschlacht der Kostüme kostete ein Vermögen. Die gut gekleidete Frau repräsentierte den Wohlstand ihres Mannes »Schaut her, was ich mir leiste!« Doch fühlte sich die Männerwelt von der ausladenden Kleidung der Weibsbilder immer mehr bedrängt. Bereits 1715 erschien ein Buch mit dem Titel: »Der wolvertheigte Steiffe und weite Weiber-Rock, zu besserer Information aller derjenigen, welche dem hochlöblichen Frauenzimmer so sehr verübeln, daß es mit denen jetzt üblichen Fischbein Röcken sich heutiges Tages so groß und breit machet.«[41]

Der Autor berichtet darin von einer Postkutschenfahrt, die er, tief in eine Ecke gedrückt, durchhalten musste, weil der weibliche Fahrgast mit seinem weiten Reifrock den restlichen Platz in Anspruch nahm. Als ehrenwerter Mann musste er das erdulden.

Der Thüringer Professor für Ästhetik, Friedrich Theodor Vischer, beschrieb den Wahn zur Krinoline:

»Die Krinoline ist impertinent. Impertinent natürlich schon wegen des großen Raumes, den sie für die Person in Anspruch nimmt. Allein das ist noch viel zu allgemein, zu abstrakt gesprochen; nein impertinent wegen der ungeheuren herausfordernden, augenfälligen Beziehung auf den Mann. ›Willst du‹, so spricht die Krinoline zum Individuum männlichen Geschlechts, dass ihr in die Nähe kommt, ›hinunter übers Trottoir, oder willst du's wagen, mich anzustreifen, zu drücken? Willst du da neben mir auf dem Parkettsitz ein Kleid auf den Schoß nehmen oder darauf sitzen?‹«[42]

Fast hätte nicht der Mensch den Wal ausgerottet, sondern das Verlangen nach Fischbein die Menschheit: Denn wie sollte man sich unter solchen Umständen paaren? Ein erotischer Paradigmenwechsel hatte sich vollzogen: Anstatt zu denken: »Wie komme ich an die Frau ran?«, wurde umgedacht zu: »Wie packe ich die Frau aus?«

Zumindest das Korsett gehört mittlerweile zum Standardrepertoire erotischer Vorstellungen. Was den Bedarf an Fischbein betraf, war der Mensch auch hier erfinderisch und arbeitete an neuen Lösungsansätzen. Die Modezeitschrift *Der Bazar* verwies 1856 auf eine interessante Alternative:

»Der Prevel'sche Luftrock verwendet aufblasbare Gummischläuche als Trägergestell. Das Gummigerippe sei so leicht aufzublasen, ›dass jede auch noch so asthmatische Dame genug Vorrath [an Luft] hat, ihren Rock mit Atem zu versorgen‹.«[43]

Doch nicht solche Erfindungen setzten dem Beruf des Fischbeinreißers ein Ende. Es war die Mode selbst. Mit den Roaring Twenties, mit der Emanzipation der Frauen, verschwand der Reifrock aus der Alltagskleidung. Zeitgleich ging auch der Walfang zurück. Korsetts werden nach wie vor getragen, heute ersetzen dünne Stahlbänder das Fischbein.

ILLUSTRATION: ***Fischbeinreißer** beim Spalten und Säubern von Walfischbarten. Die übermannsgroßen Barten dienten als Korsettstützen, Angelruten, Schirm- und Fächerstäbe, Peitschen etc.*
Hintergrund: Illustration aus »Meyers Konversationslexikon«, Darstellung eines Grönlandswals (Balaena mysticetus).

FULLONE/URINWÄSCHER

Wäscher- und Walkerzunft im alten Rom, die ihr eigenes Waschmittel herstellte
ERKENNUNGSZEICHEN: *wunde Beine*
AKTIVE ZEIT: *Römisches Kaiserreich; danach nur noch vereinzelt und meist nur für die Verarbeitung von Wollstoffen, in England bis 1935*

Im Jahr 150 v. Chr. erinnert sich der Römer Macrobius eines republikanischen Erzählers, der sich über Wein trinkende Würdenträger beschwerte: Sie hätten sich öfter schamlos aus dem Sitzungssaal gestohlen, um draußen auf der Straße in Auffanggefäße zu pinkeln.[44] Archäologen kennen diese Urin-Amphoren nur zu gut – *angiporto amphora* oder *vasae curtae*[45]. Von Ausgrabungen ist bekannt, dass solche Vasen in römischen Städten an wichtigen Verkehrsknotenpunkten aufgestellt wurden und so quasi als öffentliches Pissoir dienten. Geleert wurden sie von den Fullonen, den Urinwäschern, die den Inhalt zum Reinigen der römischen Togen verwendeten. Man darf als Kenner römischer Pinkelgewohnheiten zusammen mit Macrobius aber vor allen Dingen aus einem entscheidenden Grund die Nase rümpfen: Im alten Rom war bekannt, dass der Urin von Weintrinkern – wegen seines geringen Alkaligehalts – sich weit weniger gut als Waschmittel verwenden ließ als beispielsweise Kamelpisse. So störten die Senatoren also nicht nur die Sitzungen, sie lieferten auch noch unbrauchbaren »Roh-Ammoniak«. Man könnte fast über einen solchen Würdenträger sagen, er sei *»non valet lotium suum«* – seines Urins nicht würdig.

Urin, Harn, Pisse, Bruntze, der Saich, Pruntzwasser, Pinkel, Brüntzel sind nur ein paar gebräuchliche Begriffe für eine Flüssigkeit, die nach längerem Stehen eine Metamorphose durchmacht und sich durch den Zersetzungsprozess in Ammoniak verwandelt. Die Fullonen des alten Rom waren nicht die Ersten, die von der reinigenden Wirkung des menschlichen Wassers wussten; schon im alten Ägypten wurde bei der Bearbeitung von Wolle ebendieser Grundstoff verwendet.

Die Fullonen, die nichts anderes erledigten als unsere heutigen Wäschereien, waren also vor allem daran interessiert, viel Harn zu sammeln. Darum verteilten sie ihre Urin-Amphoren in der Stadt und luden die Bürger ein, ihren Roh-Ammoniak dort hineinzupinkeln. Der Praktikabilität halber schlugen sie den Amphoren die Hälse ab, damit die Erledigung der Notdurft treffsicherer gelang. Auch die Besitzer öffentlicher Pissoirs wurden um deren wertvollen Inhalt gebeten. Die oft zitierte Anekdote von Kaiser Vespasian, aus der das Sprichwort »Geld stinkt nicht« abgeleitet wurde, rührt von folgendem Umstand her:

»Als Titus, sein Sohn, ihn rügte, weil er eine Steuer für Urin erhob, da hielt Kaiser Vespasian seinem Sohn eine Münze vor die Nase, die aus den ersten Gewinnen dieser Steuer stammte, und fragte ihn, ob er den Geruch dieser Münze als anrüchig empfinde. Als Titus mit ›Nein‹ antwortete, sprach der Kaiser: ›Und doch stammt sie vom Urin‹. Non olet – es stinkt nicht.«[46]

Vor allem in Pompeji stießen die Archäologen bei Ausgrabungen auf Reste von Fullonen-Betrieben, die zum Teil mitten in der Stadt lagen. In südlicheren Städten des Römischen Reiches, wie Jerusalem oder Karthago, scheinen die Fullonen sich eher außerhalb, im Bereich der Stadtmauer, niedergelassen zu haben. Wahrscheinlich ist diese Tatsache auf den Geruch ihres Waschmittels zurückzuführen, das, durch die warme Luft verstärkt, doch etwas anders duftete als die heute übliche Seife.

Neben dem Reinigen leisteten die Urinwäscher einen weiteren Service: Sie behandelten rohe Wollstoffe mit der Urinmischung, um auf das Wollfett einzuwirken, eine Methode, die im englischen

Oxfordshire bis vor Kurzem noch für die feinen, in Luxusgeschäften angebotenen Witney-Wolldecken verwendet wurde.[47] Auch in Österreich-Schlesien war diese Art der Wollbehandlung bis zu Beginn des letzten Jahrhunderts gebräuchlich. Dort sammelte man, ähnlich wie im alten Rom, den menschlichen Urin in Tonnen, die meist vor Gasthäusern standen. Eine andere Verwendung pflegte man auf Kuba: Dort weichte man die Tabakblätter in Frauen-Urin ein, um sie schmackhafter zu machen. Es war also nicht der Schweiß der Frauenschenkel, auf denen die Zigarren gewickelt und gedreht wurden, der das laszive Geheimnis dieser Edelzigarren ausmachte.

Urin diente außerdem bei den Römern, wie auch in anderen Kulturen, zum Färben als unersetzlicher Rohstoff. Im fernen Indien, so heißt es, wurde der Harn von Mangoblätter fressenden Kühen verwendet, um das herrliche Indischgelb zu erzeugen. In Deutschland tat es seit dem 9. Jahrhundert dagegen jede Form von Urin fürs Färben des allgegenwärtigen Waidblaus. Noch im Spätmittelalter benötigte man in der Fastenzeit für die Herstellung der blauen oder violetten Altardecken und Priestergewänder reichlich davon; deshalb waren die Arbeiter angehalten, am Wochenende viel Bier zu trinken, um am Montag genügend Harn abliefern zu können. Das bis heute gebräuchliche »Blau machen« ist darauf zurückzuführen, denn es ist überliefert, dass dieser Dienst manchmal mit einem freien Tag oder Halbtag belohnt wurde.

Die Ammoniakgewinnung der Neuzeit dagegen trieb prächtige Blüten. In Paris bezahlte die Stadt Reinigungspersonal für die Beseitigung des Schmutzes auf ihren Straßen, nur um ein paar Jahre später einer Firma die menschlichen Fäkalien für teures Geld abzukaufen: Händeringend suchte man nach dem Rohstoff des für die Chemie begehrten Ammoniaks. Der Franzose Garnier träumte 1844 gar von einer Stadt vor den Toren Paris mit dem wunderbaren Namen Ammoniapolis. Ähnlich wie die römischen Fullonen war auch er wählerisch bei der Qualität seines Kloakenmaterials: Er wusste, dass die Abwässer aus armen Bezirken aufgrund der Nahrung ihrer Bewohner stickstoffhaltiger waren als die aus reicheren Vierteln und sich daher besser für den chemischen Prozess eigne-

Regionen zur Zeit des
I Porta Capena
II Caelemontium
III Isis et Serapis
IV Templum Pacis
V Esquiliae
VI Alta Semita
VII Via Lata
Regionen zur Zeit der
I Regio Suburana
II „ Esquilina
IV „ Palatina
VATICANUS
Campus Vaticanus
Mausoleum Hadriani
Porta Cornelia
Tiberis
Porta Flaminia
Via Flaminia
Mausol. Augusti
Campus Martius
Solarium
Obeliscus (Gnomon)
Columna Ant. Pii
Ustrinum Antonin.
Columna M. Aurelii
Aurelia
Trigarium
Arcus Theodosii
Arcus Valentiniani
Stadium
T. Neptuni
Pantheon
Thermae Neronianae
IX
Thermae Agrippae
Porticus Pompeiana
Theatrum Pompei
Theatrum Balbi
Pons

Mauer des Servius Tullius.
Mauer Aurelians.
Porta Salaria
Via Salaria
Via Nomentana
Porta Nomentana
T. Veneris Erycinae
Porta Collina
Castra Praetoria
Campus Cohortium Praetorian
Porta Viminalis
Campus Viminalis
Aqua Marcia
Tiburtina
Vicus Longus
Decem Tabernae
Subura
Macellum Liviae
Horti Lamiani
Praenestina

ten![48] In Florenz durften die Bewohner in Mietskasernen eine Zeit lang nur das eigene Pissoir benutzen, weil die Hausbesitzer den Inhalt teuer verkauften.[49]

Doch zurück zu den Fullonen. Durch Wandmalereien in Pompeij hat man eine ziemlich genaue Vorstellung vom Ablauf eines solchen Betriebs. Im Haus der Vettii sind kleine Engelknaben abgebildet, die auf Kleidern in Bottichen herumtreten, und im Haus des Fullonen Hypsaeus findet sich ein Bild von Minerva, der Schutzgöttin der Fullonen, die den Betrieb überwacht.

Die dreckigen Kleider wurden demnach zuerst in Bottichen eingeweicht, was je nach Verschmutzungsgrad bis zu drei Tage dauern konnte. Als Waschmittel diente eine Mischung aus Urin, Seifenkraut, Pottasche und Tonerde. Nach dem Einweichen wurde mit den nackten Füßen auf den Kleidern herumgestampft, eine Tätigkeit, die vermutlich oft von Kindern erledigt wurde. Diese Form des Walkens half, den Schmutz aus den Fasern zu lösen. Danach wurden die Kleider gründlich ausgewaschen und geklopft, um das Gewebe wieder zu festigen, schließlich auf Holzstangen gehängt und getrocknet. Es gab sogar ein römisches Gesetz, das den Fullonen das exklusive Recht einräumte, Kleider auf den Straßen zu trocknen. Nach dem Trocknen hängte man die Kleider auf Stangen und bearbeitete sie mit Disteln, um Unebenheiten zu entfernen. Im nächsten Schritt wurden die Kleider auf eine Art Korb gespannt, unter dem Schwefel verbrannt wurde, um sie zu bleichen. Bei Apuleius findet sich eine Passage vom jungen Geliebten der Frau eines Fullonen, der sich unter einem solchen Korb voller Kleider vor seinem Widersacher versteckt und fast an den Dämpfen erstickt.[50]

Um Farben, die ausgebleicht waren, aufzuhellen, wurde eine besondere Tonmischung auf die bunten Stellen gerieben. Die Kleider der Senatoren dagegen, die strahlend weiß zu sein hatten, wurden mit einer anderen Mischung bearbeitet. Der letzte Arbeitsschritt war das Bügeln oder Pressen: Denn eine Toga sollte einen ordentlichen Faltenwurf haben. Außerdem wirkten gebügelte Stoffe damals wie heute reiner.[51] Wurden die Kleider beschädigt oder falsch ausgehändigt, erwartete den Fullonen eine entsprechende Strafe.

Es war Sitte im alten Rom, den Stoff für Togen als Geschenk zu überreichen. Eine Toga, die mehr als drei- oder viermal gewaschen wurde, eignete sich nicht mehr als Geschenk. Der Kaiser Elagabulus meinte gar, dass Stoffe, die mehr als einmal gewaschen waren, sich nur mehr für Bettler eigneten. Ausgerechnet er fand sein jähes Ende in einer Latrine.

Die saubere äußere Erscheinung war im alten Rom hochgeschätzt. Ein bemerkenswerter Römer wurde als *»lautus«* bezeichnet, als »gut gewaschen«. Die weißen Togen der Würdenträger spiegelten den vermeintlich reinen Charakter ebendieser wider. Dass diese Unbeflecktheit nur durch eine Urinwäsche möglich war, erscheint als feine Ironie. Die Fullonen, die den Römern diesen Dienst erwiesen, wurden darum jedoch nicht in Ehren gehalten, sondern, im Gegenteil, karikiert. Unzählige satirische Verse handeln von ihrer Zunft, wobei ein Altertumsforscher bemerkte, dass die römische Elite jeden verspottete, der arbeitete. Cicero, so heißt es, stammte von einem Fullonen ab, und es wurde ihm nachgesagt, er bearbeite seine Vorgesetzten wie der Fullone seine Kleider: Er walkte sie ordentlich durch.

In einem anderen überlieferten Schriftstück listet der Astrologe Firmicus Maternus aus Syrakus Berufe auf, die dem Laster besonders schnell verfallen. Neben Bleichern, Wollarbeitern, Bäckern und Köchen finden sich dort auch die Fullonen.

Und als die Mutter des persischen Königs Kyros des Großen davon träumte, auf ganz Asien zu pinkeln, war vor allem ihr Vater besorgt – wobei nicht ganz klar ist, warum.

Ganz ungefährlich war die Arbeit mit dem Ammoniak nicht. Plinius der Ältere behauptete zwar, dass Urin die Podagra, also Rheuma in den Füßen, heile und kaum ein Fullone von dieser Krankheit befallen sei; das mag stimmen, da dem Urin tatsächlich desinfizierende Wirkung nachgesagt wird. Dass die Fullonen allerdings an ganz anderen Zipperlein litten, wie Dermatitis an den Beinen, die ständig mit dem Ammoniak in Berührung kamen, oder verätzten Lungen infolge des scharfen Schwefelgeruchs, bemerkte er nicht.

Heute spielt das Entfernen der Flecken beim Waschen nur noch eine untergeordnete Rolle. Viel störender sind die mit bloßem Auge nicht zu bemerkenden Partikel wie Pilze, Bakterien, Viren. Darauf konzentriert sich das Gros der heutigen chemischen Waschpulver. Was darin als Wirkungsmittel steckt, will man vielleicht gar nicht so genau wissen.

ILLUSTRATION: ***Fullone*** *beim Bearbeiten von Wäsche.*
Hintergrund: Stadtkarte des alten Rom, Deutschland, zirka 1900.

KAFFEERIECHER

Von Friedrich dem Großen eingesetzte Kriegsveteranen, die illegal erstandenen Kaffee mit ihrer Nase aufspüren sollten
ERKENNUNGSZEICHEN: *die Schnüffelnase, wichtigtuerisches Auftreten*
AKTIVE ZEIT: *1781 bis 1787 (nach dem Tod Friedrich des Großen)*

Der Kaffee passte gut zu den Preußen. Er verlieh einen wachen Kopf und scharfe Gedanken. Doch wer hätte damals, anno 1781, am Hof Friedrich des Großen geahnt, welche Rolle der Kaffee einmal im Alltagsleben der Berliner spielen würde? Und nicht nur der Berliner! Dass er gar weltweit zum zweitgrößten Exportgut, gleich nach dem Erdöl, werden würde?

Zur Regierungszeit des großen Preußen wurde das Genussgetränk noch keine hundert Jahre in den Schänken Europas angeboten, und im hohen Norden war dem schwedischen König Gustav III. das ausländische »Schlürff-Getränk« so unheimlich, dass er ein Experiment am Menschen durchführen ließ: Um zu beweisen, dass Kaffee ein Gift sei, gab er zwei Gefängnisinsassen Kaffee beziehungsweise Tee zu trinken. Binnen weniger Wochen, darin war er sich sicher, würde der Kaffeetrinker dahinsiechen. Der Versuch brachte allerdings nicht das erwartete Ergebnis. Erst starb der Arzt, der die Gefangenen überwachte. Dann starb der zweite Arzt. Das Experiment lief weiter. 1792 wurde Gustav ermordet, und irgendwann, im Alter von dreiundachtzig Jahren, starb schließlich – der

Teetrinker. Der Kaffeetrinker wurde entlassen. Wie alt er wurde, ist nicht überliefert.

Aber es war ja auch ein seltsames Getränk, dieser Kaffee. Er kam aus dem Morgenland. Verdächtig! Dort wurde er »Blitz gegen die Migräne« genannt oder die »Milch der Schachspieler und Denker«. Seit der aus Äthiopien stammende Strauch im Jemen angebaut wurde, gab es genug Nachschub, um alle Kaffeehäuser von Byzanz bis Bagdad damit zu versorgen. Diese trugen Namen wie »Schule der Gebildeten«, was unterstrich, wozu Kaffee befähigen sollte. Doch nicht nur dazu: Das türkische Heer trug die Kaffeebohnen säckeweise mit auf das Schlachtfeld von Wien, wo sie aufgefunden wurden, als das verbündete Abendland das Türkenheer in die Flucht geschlagen hatte.

Allerdings brauchte es reichlich Sahne und Zucker, um den schwarzen Trunk den Wienern schmackhaft zu machen, und es bedurfte der Eleganz der Franzosen, des Know-how der Holländer und der Tüchtigkeit der Hugenotten, um das Getränk auf Umwegen in den Metropolen Deutschlands zu etablieren. Friedrich Wilhelm half nach und ließ in Berlin Kaffeehäuser an prominenten Standorten errichten. Das sogenannte Café Royal bot das neue Luxusgetränk da an, wo heute der Berliner Dom steht, gegenüber dem Stadtschloss. Denn Friedrich Wilhelm erkannte: Mit Luxusartikeln ließ sich die Staatskasse füllen! So wurde zusammen mit Tee, Schokolade, Schaumwein und Fruchteis auch der Kaffee zum Luxusgut deklariert und entsprechend besteuert. Der Plan ging auf: Mitte des 18. Jahrhunderts zelebrierten feine Berliner, Leipziger und Hamburger die Kaffeetafel. In einem Berliner Tagebucheintrag aus dieser Zeit ist zu lesen: *»Sollte es etwas feiner zugehen und mehr auf den Tisch gestellt werden, dann lud sich zum Beispiel ein unverheirateter Orgelmachergesell seine Gäste zum Sonntagnachmittag ein und setzte ihnen wohlpraeparierten Caffee, Rheinwein und mürben Zwieback vor. Eine Jungfer, die zum Kaffee gebeten hatte, reichte nach dem Kaffee Pflaumen und Weintrauben. Auch Frau von Dorn, die auf dem Molkenmarkt im Schwerinschen Palais, aber im Seitengebäude nach dem Hof heraus wohnte, akkommodierte ihre Gäste* *mit Kaffee, kleinen Zuckerprezeln und Weintrauben. Den Herren wurden nach dem Kaffee oder Tee wohl schöner Aquavit und frische Semmeln angeboten.«*[52]

Und 1744 berichtet die kurmärkische Domänenkammer, dass der *»Kaffeekonsum fast jeden und sogar den geringsten Leuthen zur Natur geworden«* sei.[53]

Es war also geschafft: Der Kaffee war beim Volk angekommen. Doch dann übertrieb es der Preußenkönig mit seinen Steuern und Zöllen. Die Steuerbelastung machte hundertfünfzig Prozent des Kaufpreises von Kaffee aus. Ein Lot Kaffee, also siebzehn Gramm, kostete so viel wie das Tagesgehalt einer Spinnerin. Wer sollte sich das leisten können?

Ein neuer Geschäftszweig tat sich auf: Der Kaffeeschmuggel, der ja auch nicht sonderlich schwierig war. Die ungerösteten Bohnen verbreiteten keinen Geruch, und selbst geringe Mengen waren für den Schmuggler lohnenswert. Auf Heukarren, auf Kohlekähnen, auf Holzfuhrwerken passierten die Kaffeebohnen die Stadttore, ohne dass jemand davon Wind bekommen hätte. Aber auch in eigens dafür entworfenen Brustbinden schleppten Marktfrauen ihn hinein zu ihren Kunden.

»Die Lebensbedeutung eines Stoffes erkennt man am besten an dem Schatten, den er auf das Rechtswesen wirft«[54], schrieb 1934 der Begründer des modernen Sachbuchs, Heinrich Eduard Jacob. Diese Aussage könnte nicht besser auf den Kaffee und seinen Einfluss auf die Gesetze Friedrichs des Großen passen.

»Durch tausenderleih nicht zu verhindernde Kunstgriffe«, wie dessen Deklaration von 1781 feststellt, wanderte der Kaffee vorbei am Auge des Gesetzes. Es ging so weit mit dem Kaffeeschmuggel, dass *»den Handwerkern und Fabrikanten aber ihre Arbeiter und Spinner entsagt worden, weil diese ihr Gewerbe verlassen und sich mit Defraudationen abgeben, deren Vorteil ansehnlich genug, dass sie ihren Hang zum Müßiggang und liderlichen Ausschweifungen befriedigen können… Seine königliche Majestät aber all diese dem Staate so nachteilige und schädliche Unordnungen abgestellt wissen wollen.«*

AVIS AU PUBLI
Extrait de la Déclaration du RC
Vente du Caffé bru
vier 1781.
betreffend.
Articfel 1.
ARTICLE 1.
Articfel 4.
Caffé
L'Administration
Péages du Roy.
Administration.

achricht an das Publicum.
AVI AU PUBLIC.
Coffea
arabica

Basta. Der König war den Schmuggel leid, und die Staatskasse, die nach einem langen Krieg nur mehr müde klimperte, wollte auch wieder gefüllt werden. Friedrich monopolisierte kurzum den Kaffeehandel und erlaubte das Kaffeerösten nur noch an von ihm bestimmten Orten. Denn es war ja der feine Geruch des gerösteten Kaffees, der das Luxusgut verriet, nicht die grünen Bohnen, der Rohstoff. Ausgenommen vom Gesetz waren *»die Ritterschaft, der Adel, Commandanten und Offiziere…, die Geistlichen, Bürger, welche von ihren Revenuen leben, Fabrikanten, Kaufleute en gros, in so fern sie Kaffee nicht selbst en Detail verkaufen, und all diejenigen, deren Stand und Umstände sie zum Gebrauch des Caffees berechtigen«*.

Ein Gesetz aufsetzen ist das eine. Zu überprüfen, ob es auch befolgt wird, das andere. Der große Preuße schlug zwei Fliegen mit einer Klappe, als er vordem beschäftigungslose Veteranen des Siebenjährigen Krieges *»jene tapfere Leute, die für den Staat gestritten haben, und unter den Waffen grau geworden«*[55], mobilisierte und sie als Kaffeeschnüffler einsetzte. Vierhundert dieser Invaliden zogen durch Berlins Gassen, um illegal gerösteten Kaffee aufzuspüren. Diesen ungehobelten Gesellen wurde es gestattet, jedes Haus zu betreten und darin jedes Zimmer und jede Person aufs Genaueste zu untersuchen.

»Man stelle sich die Aufregung vor, als ich mit meinen Freundinnen bei Tische saß, die Tür aufgerissen wurde, drei uniformierte Männer in die Stube stürmten, unsere Tassen inspizierten und die Küche auf den Kopf stellten. Zu meinem Glück wurde an diesem Nachmittag nur Tee serviert.« So beschwerte sich eine Berliner Bürgersfrau, die wenig angetan war vom Treiben der Schnüffler. Da die Spürnasen nach Ertrag bezahlt wurden, waren sie besonders fleißig. Sie standen auch auf Brücken und berochen dort die Taschen von Passanten, durften Leibesvisitationen durchführen: Man kann sich gut vorstellen, welch Ärgernis diese Gesellen für die Bevölkerung darstellten.

Der Berliner Schriftsteller Streckfuß berichtete: *»Das Volk von Berlin hasste diese Kaffeeriecher wie die Sünde und spielte ihnen* *manchen hässlichen Streich, besonders waren die Frauen äußerst aufgebracht. Alle Plackereien der Regie hätten sie dem König verzeihen können, aber dass er ihnen das Kaffeebrennen verbot, konnten sie nicht ertragen.«*[56]

Es gab nur noch eine Berufsgruppe, die verhasster war als die Kaffeeschnüffler. Das waren die Perückenriecher. Denn auch Perücken wurden besteuert und durften nur mit einer besonderen Lizenz getragen werden. Die Perückenriecher durften kraft des Gesetzes jedem das Haar vom Haupt reißen, um das Siegel zu überprüfen.

»Manchem Reisenden gibt die bloße Erblickung eines Accisbedienten üble Laune«[57], schrieb Friedrich Nicolai. Dem Rest der Bevölkerung übrigens auch.

So kam es, dass die Schmuggler beim Volk beliebter waren als die vom König eingesetzten Schnüffler. Die Rechnung ging nicht auf, und der Preußenkönig musste sich ob so vieler organisierter Kaffeefreunde geschlagen geben und sein Monopol wieder auflösen. Fortan hieß es: Kaffee für alle.

ILLUSTRATION: *Kriegsveteranen im Einsatz als preußische* ***Kaffeeriecher****. Hintergrund: Auszug aus der »allergnädigsten Verordnung, de dato, den 21. Januar 1781, den Verkauf des gebrannten Caffée betreffend. Unterzeichnet von Königl. Preußischer General-Accise und Zoll-Administration Friedrichs II«.*

KAMMERTÜRKE, HOFMOHR, INSELINDIANER

Exotische Lakaien an den fürstlichen Höfen Europas
ERKENNUNGSZEICHEN DES KAMMERTÜRKEN: *auffallend türkische Kleidung, Lippenbart*
ERKENNUNGSZEICHEN DES HOFMOHREN: *dunkle Hautfarbe, buntes Kostüm*
ERKENNUNGSZEICHEN DES INSELINDIANERS: *lebte auf einer Insel, trug indianische Tracht*
AKTIVE ZEIT: *Barock*

Kammertürken, Hofmohren, Inselindianer, aber auch Riesen und Zwerge gehörten zur Entourage der barocken Fürstenhäuser Europas, zu den *»müßigen um die Person des Regenten laufenden Leuten ... die zum bloßen Überfluß gehörten«.*[58] Berufsexot wäre die genauere Bezeichnung. Ihre Biografien aber sind je nach Klassifikation verschieden; damals ein Phänomen ganz nach dem Geschmack der Zeit, heute schwer zu verdauen.

Kammertürken

Die Kammertürken waren meist sogenannte »Beutetürken«, osmanische Soldaten und ihr Anhang, die bei den Schlachten um Wien, Belgrad und Budapest im ausgehenden 17. Jahrhundert von den europäischen Kriegsherren gefangen genommen und verschleppt wurden. Mittlerweile weiß man von über sechshundert Türken, die damals allein in Deutschland ankamen *»thail lustig, traurig und krank«*[59]. Davon waren die Hälfte Kinder, ein Viertel waren Frauen und ein Viertel meist hübsche, starke Männer. Sie alle wurden nach Ankunft als einmalige Trophäe im eigenen Haus untergebracht oder als *»superbes«* Souvenir verschenkt. Wenn man bedenkt, dass zur gleichen Zeit auf der Leipziger Messe Türkenköpfe körbeweise angeboten wurden, kann man verstehen, dass die Gefangenen sich ihrem Schicksal fügten und nicht versuchten zu fliehen. Waren sie erst einmal in Deutschland angekommen, ging es ihnen – den Umständen entsprechend – sogar ganz gut. Es ist nur ein Fall bekannt, bei dem ein Türke nach Ankunft versuchte, sich umzubringen.

Adlige Damen nahmen sich gerne der Kinder an und erzogen sie im christlichen Glauben. Wenn diese später bei ihrer Taufe auf *»alle Fragen deutliche und vergnügliche Antwort«* geben konnten[60], so war doch eine *»Heidenseele«* mehr gerettet. Waren sie alt genug, stand ihnen die Welt offen: Es gab keinen Beruf, den sie nicht hätten ausüben dürfen. Selbst ein Polizist, ein Pfarrer und ein Branntweinbrenner finden sich in den Chroniken.

Die verschleppten Frauen ereilte nicht selten ein Schicksal als Mätresse. Alexandre Dumas, der Vater des Romanciers, berichtete von einem Besuch des Rastatter Schlosses, in dem die Beute des Türkenlouis zu bewundern war:

»Ein dritter Raum enthält eine nicht minder merkwürdige Trophäe: Es sind vier Bildnisse in natürlicher Größe von den vier Frauen des Paschas, die der Sieger gefangen nach Rastatt verbracht hat. Man versichert, die Markgräfin habe diesen Teil der Beute am allerwenigsten zu schätzen gewusst.«[61]

Manche Mätresse wurde später weiterverheiratet wie Fatima, die Mutter eines der Söhne August des Starken, oder Gräfin Maria Anna Augusta Fatma Cölestina zu Castell-Remlingen, die im hohen Alter sogar in ein Kloster eintrat. Andere, vielleicht weniger anmutige, Frauen arbeiteten zunächst in den Waschküchen der Fürsten oder in deren Backstuben und heirateten später deutsche

Männer mit handwerklich-mittelständischen Berufen wie Müller, Böttcher oder Schuhmacher und gründeten ganz normal Familien. Ein Hauptmann aus Memmingen, der nicht auf einen Beutetürken verzichten wollte und mitnahm, was ihm in die Hände fiel, brachte eine Türkin mit, die *»allbereit ziemlich bey Jahren«* war. Sie ließ sich recht bald taufen und erhielt 1684 sogar eine Pfründnerstelle, wobei sie einer einheimischen Frau vorgezogen wurde. Sie musste diese später allerdings wieder aufgeben, da sie es nicht so ernst genommen hatte mit dem Christentum: *»Dass man sie bei aufgehendem Mond hin und her in Winckheln plappernd finde und komme wenig mehr zur Predigt.«*[62]

Auch gegenüber den *»Heidenkerlen«*, den Osmanen, die man nach Deutschland brachte, zeigt sich in den Chroniken eine bemerkenswerte Toleranz. Sie wurden zunächst eingestellt als Lakaien, als Diener bei Hofe – und je hübscher und stattlicher sie waren, desto öffentlicher war ihr Amt. Es stand ein eigenes Budget zur Verfügung, um sie türkisch auszustaffieren, mit Pluderhosen, Kaftan und Schnurrbart. Für die Kammertürken gehörten das Sieden von Kaffee, das Bedienen bei Tisch, Botengänge und Reinigungsarbeiten zu den Hauptarbeitsfeldern. Sie konnten auch aufsteigen und zu einer Vertrauensperson des Fürsten werden: Dazu gehörte *»die Begleitung des Fürsten auf Reisen, die Sicherheit der persönlichen Gemächer garantieren, die Gelder für kleine Wareneinkäufe verwalten und die Einkäufe zu tätigen, die kostbare Garderobe und Juwelen zu verwahren, Bittschriften abzuweisen oder weiterzuleiten, andere Lakaien zu beaufsichtigen, über die Beleuchtung zu wachen und die Luxusgüter Tee, Kaffee, Schokolade und Zucker zu verwalten«*.[63] Wenn der Regent einen Ausflug machte, so liefen die Kammerdiener hinter ihm her, die Taschen voller Geld, und verteilten es an das Volk. Als Königin Sophie Charlotte zu Brandenburg starb, soll ihr letzter Gruß ihren beiden Berufsexoten gegolten haben: *»Adieu, Aly! Adieu, Hassan!«* Ob die beiden konvertiert waren und nun eigentlich Gottlieb, Johann oder so ähnlich hießen, ihres Exoten-Status wegen aber ihre türkischen Namen beibehielten, ist denkbar. Man durfte sich als Beutetürke Zeit lassen mit dem Konvertieren. Der Fall eines

Inventarium und Schätzung
Angelo Soliman

Sperrs=RELATION.
Toden=Fall.
amen des verstorbenen.

alten Kammertürken ist bekannt, der sich erst nach siebenunddreißig Jahren taufen ließ und, als er starb, jedem Trauergast fünf Kreuzer versprach, worauf neunhundertfünfundzwanzig Trauernde erschienen.

Hofmohren

Die Hofmohren waren entweder dunkelhäutige »Beutetürken« oder von Sklavenhändlern verschleppte afrikanische Kinder, die wegen auffallender Schönheit, angenehmen Charakters oder vielleicht sogar aus einem Anflug von christlichem Mitgefühl vom europäischen Zwischenhändler abgefangen und weiterverschenkt wurden. Immerhin blieb ihnen auf diese Weise ein Schicksal auf den Baumwollplantagen Amerikas erspart.

Da die meisten der so in Europa endenden Kinder schreckliche Torturen mitgemacht hatten und es keinen Weg zurück mehr gab, muss sie der zwar verdrehte, aber doch menschliche Umgang, der sie hier erwartete, dankbar gestimmt haben.

Wie man die Afrikaner an den Höfen Europas wahrnahm, zeigt ein Singballett von 1681, das am Hof von Durlach in Baden aufgeführt wurde und das niemand Geringerer als Herzog Anton Ulrich von Braunschweig-Wolfenbüttel selbst geschrieben hatte:

»Hier aus Africa die Mohren
Sind gebohren
Wo sich schwellt des Nilus Fluth
Ihr Gesicht ist von der Sonnen
Zwar entbronnen
Dennoch ist das Herze gut.
(…)

Bey Entrée der Mohren:
Wie braun und schwartz wir sind an Farb und an Geblüth
So sind wir doch schneeweiß an Hertz und an Gemüth;

Es liegt nicht jederzeit an euserlichem Schein
Die Muscheln schließen auch die weißen Perlen ein.«[64]

Es war ein naives Bild, das der Herzog und viele Regenten hegten: das des gutmütigen Mohren mit dem reinen Herzen. Und man fand sich an jedem »vorzüglichen« Fürstenhof Europas darin bestätigt. Auf zahlreichen zeitgenössischen Gemälden sind sie abgebildet, die bunt gekleideten Lakaien mit ihrer kakaobraunen Haut.

Angelo Soliman (1721 bis 1796) war vielleicht der berühmteste Hofmohr Wiens. Wenn auch sein Schicksal zunächst von ungeheurer Toleranz der Gesellschaft gegenüber dem anders Aussehenden zeugt, so könnte sein Ende nicht grausamer dieser These widersprechen. Soliman war der *»hochfürstliche Mohr«* und *»Cammerdiener«* des Fürsten von Liechtenstein und begleitete diesen auf Audienzen und Feldzügen. Er soll sogar mit einer *»Art von Aufsicht über die Erziehung seines Sohnes«* betraut worden sein und erhielt für alle seine Dienste ein entsprechendes Gehalt, das ausreichte, um die Witwe eines gräflichen Sekretärs zu heiraten und mit ihr Kinder zu zeugen. Er sprach neben seiner unbekannten Muttersprache Deutsch, Italienisch, Französisch, Englisch, Latein und Tschechisch und hatte ein so angenehmes Auftreten, dass der Sohn Kaiser Josephs II. mit ihm Arm in Arm spazieren ging. Soliman wurde 1781 sogar in die elitäre Wiener Freimaurer-Loge »Zur wahren Eintracht« aufgenommen, zu deren Mitgliedern unter anderem Mozart und Haydn gehörten. Zwei Jahre später war er in der Loge schon der Vertreter des Zeremonienmeisters und zählte nicht mehr zu den Dienenden Brüdern, die Hilfs- und Aufwartedienste verrichteten, sondern zu den Ritterbrüdern.[65] Dennoch: Als Soliman starb, wurde er auf Wunsch des Kaisers ausgestopft und ins Naturalienkabinett gepackt.

»Angelo Soliman war in stehender Stellung mit zurückgerücktem rechten Fuße und vorgestreckter linker Hand dargestellt, mit einem Federgürtel um die Lenden und einer Federkrone auf dem Haupte, die beide aus rothen, weißen und blauen, abwechselnd aneinander gereihten Straußfedern zusammengesetzt waren. Arme und Beine waren mit einer Schnur weißer Glasperlen geziert, und eine breite,

aus gelblichweißen Münzporcellanschnecken zierliche geflochtene Halskette hing bis tief an die Brust herab.«

Drei Jahre später wurde ihm ein ausgestopftes kleines Mädchen zu Füßen gesetzt, später folgten ein schwarzer Tierwärter und ein anderer Afrikaner.[66]

Der Empörung von Solimans Tochter ob dieser Widrigkeit schenkte niemand Gehör. Bis 1808 standen Soliman und seinesgleichen so ausgestellt. Dann kam ein neuer Direktor, der seriöse Belehrung für wichtiger hielt als Schaulust, und räumte die Toten auf den Dachboden, wo sie bei einem Feuer verbrannten.

Inselindianer

Von der Kategorie der »Inselindianer« ist nur ein Berufsexot bekannt. Es handelte sich hierbei um den Hawaiianer Henry Wilhelm Maitey, der 1824 in Berlin ankam. Er war auf ein deutsches Schiff geklettert und hatte sich erst nach Ablegen bemerkbar gemacht: Der sechzehnjährige angebliche Waise wollte fort von der Insel. Maitey entpuppte sich als ein schwieriger Fall. Äußerlich sah er, von seinen Tätowierungen abgesehen, nicht fremd genug aus, um sich als »Berufsexot« zu qualifizieren: *»Die Menschenrasse, von der er stammt, gehört nicht zu den Negern, steht ihnen jedoch durch die schwärzliche Hautfarbe und etwas platte Nase ziemlich nah, unterscheidet sich jedoch durch wohlgebildete Lippen und glattes langwachsendes Haar; sein Teint scheint etwas brouilliert, am Arm und im Gesicht ist er tätowiert. Er ist sehr gelehrig, freundlich, munter, arbeitsam.«*[67] Andere offensichtliche Qualitäten besaß er keine. Nicht einmal sein Singen konnte die fernen Sphären der Südsee heraufbeschwören. *»Wenn er zum Singen eingeladen wird, ziert er sich fast eben so sehr wie unsere jungen Damen, und hat auch die andere böse Gewohnheit, dass man ihm, wenn er erst angefangen hat zu singen, gute Worte geben muss, ehe er aufhört.«* Heute nimmt man an, dass Maiteys Lieder Rezitationen über die Stammesgeschichte seines Volkes gewesen sein müssen – und das konnte eben dauern. Es waren heilige Gesänge, die mit dementsprechenden Bewegungen ausgeführt werden mussten, und auch diese wurden kommentiert: *»Doch machte der Vortrag des Gesangs mit diesen sonderbaren Bewegungen ganz den Eindruck, als ob man einen Irren sähe.«*[68] Nicht besonders förderlich für Maiteys Karriere in Deutschland war weiterhin der Umstand, dass in der europäischen Gesellschaft das Bild des »edlen Wilden« gerade jäh zerbrochen war: Captain Cook war auf einer der Hawaiianischen Inseln bei einem Kampf ums Leben gekommen, und das Gerücht ging um, dass es sich dabei um Kannibalen gehandelt habe. Inwiefern konnte man Maitey also vertrauen, nicht ähnliche Charakterzüge zu entwickeln? Es wird argwöhnisch berichtet: *»Eine ganz besondere Freude äußerte der Insulaner über einen Herrn von ziemlich starkem Embonpoint, er lief auf ihn zu und umfasste ihn mehrmals, so dass man wirklich besorgt war, es möchte sich der jenen Insulanern eigenthümliche Appetit, der einst Cook das Leben kostete, bei dem jungen Freiwilligen zu regen anfangen.«*[69]

Maitey war also in Swinemünde gelandet, nach Berlin gebracht worden, und keiner wollte ihn. Briefe an den König, geschrieben vom preußischen Finanzminister und Präsidenten der Seehandlung Rother, auf dessen Schiff Maitey an Bord gegangen war, blieben unbeantwortet, und Rother blieb nichts anderes übrig, als Maitey in seinem Haus als Tischdiener einzustellen. Das ging gut, bis Maitey nach einem Diner zu viel vom Wein kostete und mit einem anderen Tischdiener so in Streit geriet, dass Rother als Herr des Hauses sich einmischen musste. Daraufhin musste Maitey das Haus verlassen und im »Erziehungshaus am Halleschen Tor« fortan Sprache und Christentum lernen, was 1830 mit seiner Taufe quasi abgeschlossen wurde.

Wieder versuchte man, ihn am Hof unterzubringen, doch wurde Maitey dort abgelehnt. Der stellvertretende Hofrat hatte eine bessere Idee: Als Insulaner passte Maitey doch auf die Pfaueninsel! Dort gab es ja auch das otaheitische Kabinett, dass dem Inneren einer Südseehütte nachgebaut war – denn mittlerweile war es an den Fürstenhäusern Europas in Mode gekommen, sich mit Requisiten aus der Südsee zu schmücken. Auf der Pfaueninsel gab es neben den Pfauen hawaiianische Enten und eine Zwergin. Maitey passte da wunderbar rein. Es waren Jahre des Glücks für ihn, und er fand seine große Liebe, die Tochter des Tierwärtergehilfen. Heute nimmt man an, dass Maitey in dieser Zeit viele Elfenbeinschnitzereien anfertigte, die inzwischen in Potsdam ausgestellt sind. Auch soll er einige Figuren geschnitzt haben, mit denen die Kinder von Königin Louise spielten. Maitey selbst hatte drei Kinder, von denen nur eines ihn überlebte.

Als er starb, wurde er wie jeder, der länger als fünfzehn Jahre im Arkadien Preußens gearbeitet hatte, auf dem kleinsten Friedhof Berlins auf Nikolskoe begraben. Auf seinem Grabstein, der heute der besterhaltene Grabstein eines Hawaiianers außerhalb Hawaiis ist, steht in goldenen Lettern: »Hier ruht in Gott der Sandwichinsulaner Maitey 1872.«

Die Zurschaustellung des Exotischen war bei der europäischen Elite in den Jahren des Barocks ein allgegenwärtiges ästhetisches Phänomen. Es wurden Turquerien, Chinoiserien und Orangerien gebaut, in Schwetzingen sogar eine ganze Moschee – die zwar nie als Gotteshaus diente, aber dennoch die Weltoffenheit ihres kurpfälzischen Regenten zeigte. Alla Turca beeinflusste die Musik von der »Entführung aus dem Serail« bis hin zur Militärmusik. Kaffee, Limonade, Joghurt, Marzipan waren türkische Luxusartikel, die bei keiner Zusammenkunft fehlen durften – ganz zu schweigen von den rauschenden Festen, die im osmanischen Kostüm gefeiert wurden. In Dresden ist eine Zeichnung erhalten, die August den Starken verkleidet als »Chef der Afrikaner« zeigt. Wenn man in diesem Umfeld auch noch lebende Beweise für diesen Exotismus um sich scharen konnte und dabei ein gutes Christenwerk vollbrachte – ja, warum denn nicht!

Andere Exoten wurden weiterhin ausgestellt. Bei der Schweizerischen Landesausstellung 1896 in Genf wurden zweihundertdreißig Sudanesen vorgeführt. Der Zirkus Hagenbeck war stolz darauf, nebst Löwen, Giraffen, Pferden und Affen auch Menschen aus fernen Ländern auftreten zu lassen. 1909 wurden dem deutschen Kaiser Wilhelm II. Äthiopier in angeblich traditionellen Gewändern vorgeführt. Und noch 1931 führte Hagenbeck beim Oktoberfest in München seine Show »Kanaken der Südsee« mit nur spärlich bekleideten Menschen aus Neu-Kaledonien auf.

Es gibt übrigens auch Berichte aus dem 14. Jahrhundert, die von Weißen am Hofe von Mali erzählen. Wie es denen erging, ist nicht bekannt. Fiel im Barock ein weißer Jerusalem-Reisender in die Hände der Osmanen, fand er sich wahrscheinlich auf einer Galeere wieder. Kammertürken, Hofmohren und der Inselindianer erhielten zumindest ein volles Gehalt für ihre Dienste.

ILLUSTRATION: ***Kammertürke, Hofmohr** und **Inselindianer** als superbe Entourage eines europäischen Fürsten.*
Hintergrund: »Verlassenschaftsabhandlung, Nachlassinventar und Todfallsaufnahme« von Angelo Soliman.

KÖHLER

Mann, der Holz zu Holzkohle schwelte
ERKENNUNGSZEICHEN: *geschwärztes Gesicht, lebte in der Abgeschiedenheit der Wälder*
AKTIVE ZEIT: *seit der Bronzezeit bis Anfang des 20. Jahrhunderts*

Als es im 19. Jahrhundert in Deutschland Mode wurde, die Volksmärchen, die alten Sagen und Legenden neu zu entdecken, und mancher in abgelegene Gegenden wanderte, um dort noch die gute alte Zeit zu erleben, da packte auch den Dänen Hans Christian Andersen die Lust. Und er fuhr in den Harz, um dort mit all seinen Sinnen in eine Romantik einzutauchen, die er zu finden hoffte – und auch fand:

»Wir kamen tiefer in den Wald hinein, der Weg begann sich nach dem Brocken hinan zu schlängeln, die sinkende Sonne konnte nicht durch das dichte Nadelholz dringen. Rund umher lagen Kohlenmeiler, die Alles in einen bläulichen Rauch hüllten, das Ganze bekam ein ruhiges, wunderbar romantisches Gepräge; es war ein Gemälde, das die Seele wehmütig stimmte.«[70]

Andersen, Bechstein, namenlose, wohlbetuchte Sommerfrischler, ja selbst der König, sie alle zogen los, hinein in den Wald, um dort Köhler aufzusuchen und bei ihnen Authentizität zu finden – angesichts einer Welt, die immer komplexer wurde. Der Köhler erschien ihnen als die Manifestation des überschaubaren, einfachen Lebens; dieser kernige Naturbursche, der alleine im Wald hauste, der so bescheiden und mit sich und der Welt zufrieden an seiner

Pfeife zog. Auf Gemälden dieser Zeit und auf den ersten Fotografien war der Köhler ein beliebtes Motiv. Man fotografierte sich selbst zusammen mit ihm und erzählte zu Hause, welche wunderbaren Märchen diese Männer zu erzählen wussten. Das Bild, das von den intellektuellen Besuchern wiedergegeben wird, entspricht nur bedingt der Wahrheit und ist voller Pathos:

»Die Köhler werden oft genug alt bei ihrem Gewerbe. Aus ihren schwarzen Gesichtern strahlt ein fröhlicher Blick, Augen wie Brillanten, Zähne wie Elfenbein, was alles nur ein gesundes Blut geben kann. Ihr Leben hat etwas Ähnliches wie das unserer Seefahrer. Und wenn man den großen Wald wohl das Meer des Binnenlandes genannt hat, so könnte man die Köhler als Matrosen dieses Meeres bezeichnen. Mir scheint auch, dass ihr ruhiges, geduldiges und etwas phlegmatisches Wesen ein wenig an den Charakter unserer Schiffer erinnert.«[71]

Die Köhler waren tatsächlich die einzige Berufsgruppe, die sich erlauben durfte, selbst beim Besuch des Königs nicht ihr Gesicht zu waschen – was den Bergleuten verwehrt war. Der Waldarbeiter ließ sich eine gepflegte Schwärze stehen und war stolz darauf. Wenn es heißt, »*Zähne wie Elfenbein*«, dann kann man sich denken, dass selbst der verfaulteste Zahn aus so einem Gesicht gefunkelt haben muss. Auch sonst nahmen es die Köhler nicht so genau mit der Sauberkeit: Zog einer mal seinen Strumpf aus, so soll er aufrecht gestanden haben – der Strumpf.

Die Köhler lebten von Walpurgis bis Martini (1. Mai bis 10. November) tief im Forst und kehrten nur am Wochenende, wenn überhaupt, in ihr Dorf zurück. Die kleinste Köhlereinheit bildete ein Meister mit zwei bis drei Gehilfen und dem Haijungen, meist der Sohn oder Neffe des Meisters. In Begleitung von Hund, Ziege, Hahn oder Katze verabschiedeten sie sich von ihren Familien und errichteten an einer passenden Stelle im Wald ihre Köte, eine einfache tipiähnliche Hütte aus Borke und Holz. Drinnen gab es zusammengezimmerte einfache Holzpritschen, Essen und Kleider wurden an Stöcken aufgehängt. In der Mitte brannte ein Feuer, auf dem der Haijunge die berühmt-berüchtigte Köhlersuppe kochte:

heißes Wasser mit Rindertalg und Salz, in das man Schwarzbrot bröselte. Die Köhler sagten der Suppe fast magische Fähigkeiten nach: So hielt sich das Gerücht, dass Köhler, die eine Zeit lang in der Stadt gearbeitet hatten und dort feines Essen nebst Kaffee erhalten hatten, nach ihrer Rückkehr nicht mehr so kräftig waren wie zuvor. Ansonsten rundeten vom Haijungen gesammelte Pilze, ein erlegter Vogel oder Beeren das Mahl ab.

Die Köhler beschwerten sich in überlieferten Schriftstücken nur selten über ihren Beruf, auch wenn es keine ungefährliche Tätigkeit war: In den Sterberegistern der Harzregion finden sich etliche Einträge von an Brandwunden verstorbenen Waldarbeitern. Aber alles in allem schienen sie die Abgeschiedenheit mit all ihren Freiheiten genossen zu haben. Zwar beklagten sich sowohl die Pfarrer des Schwarzwalds als auch die des Harzes über die Unlust der Köhler, am Sonntag in der Kirche zu erscheinen, doch hatten die eine gute Ausrede parat: Jemand musste die Meiler überwachen.

Um sich mit anderen Köhlereinheiten zu verständigen, gehörte zu jeder Köte eine Hillebille, ein Schlagbrett mit Hammer. Man konnte damit um Hilfe rufen, falls sich ein Unfall ereignet hatte, oder einfach nur zum Essen hämmern. Außerdem hatten die Köhler ein ausgefeiltes Jodelsystem, mit dem sie sich über lange Strecken verschiedene Nachrichten zujodeln konnten.

Ein anderes Klangmedium, das der reinen Freude diente, war das Köhlergeläut, ein Musikinstrument, das die Köhler sich selbst zusammenstellten. Hierbei wurden besonders wohlklingende verkohlte Holzstücke an einer Schnur aufgehängt. Verschieden lange Stücke ergaben unterschiedliche Töne, und es ließen sich darauf einfache Lieder anstimmen. Abends, so kann man sich vorstellen, saßen sie am Feuer, manchmal mit der überlieferten Gitarre, Zither oder Mandoline.

Auch im Erzählen von Geschichten sollen sie fantasiereich gewesen sein. Der Gründer der Steinway-Klaviere soll übrigens ein nach Amerika ausgewanderter Köhler gewesen sein, dessen Familie bei einem Brand ums Leben gekommen war.

Einzig die Frauen der Köhler scheinen von der Romantik ver-

Bau des Holzes.
v
J
2. Quer

schont geblieben zu sein. Sie lebten in den Dörfern, brachten ihren Männern wöchentlich das Essen oder halfen, die Kohlen zu einem Weg zu bringen, von wo ein Fuhrwerk sie abholen konnte:

»Im Winter müssen die Frauen auf Ziehschlitten Wasen (Reisigbündel) nach dort bringen. Gerade diese Arbeit ist oft außerordentlich schwer. Mit schwitzenden, aufgetriebenen Gesichtern, mit prallgefüllten und sichtbar klopfenden Halsschlagadern stemmen sie sich gegen den oft unebenen Boden, um mit dem quer über die Brust laufenden Ziehriemen den Schlitten voranzubringen.«[72]

Die Kunst, einen Meiler zu errichten und möglichst ökonomisch Holzkohle zu gewinnen, war indes die besondere Fähigkeit, die den Köhlern Anerkennung einbrachte und sie von den anderen Forstarbeitern unterschied. Das Produkt, das die Köhler lieferten, war bis zur industriellen Nutzung des Erdöls einer der wichtigsten Energierohstoffe der Menschheit: Ohne die Holzkohle hätte es weder die Eisenzeit noch die Bronzezeit gegeben – und eine Zivilisation, die sich mit Schwertern verteidigt, ein Münzsystem entwickelt oder mit Messer und Gabel isst, schon gar nicht. Denn: Um an Metallerze zu gelangen, muss sie jemand aus dem Stein herausschmelzen – und hierfür bedarf es hoher Temperaturen. Einfache Holzfeuer können Lehm in Ton verwandeln, nicht aber Stein in Eisen. Erst die Entdeckung der Holzkohle, des verschwelten, aber nicht verbrannten Holzes, brachte die zündende Idee: In der idealen Umgebung konnten dabei mit der Unterstützung eines Blasebalgs Temperaturen von bis zu zwölfhundert Grad Celsius[73] erreicht werden. Die Holzkohle spielt also eine nicht unbedeutende Rolle in der Entwicklung der Menschheit: Ohne Kohle kein Fortschritt.

Von der Eisenzeit bis hinein ins 15. Jahrhundert wurden zu ihrer Herstellung noch die sogenannten Grubenmeiler bevorzugt, die relativ einfach zu handhaben waren: Man hob ein Loch aus, füllte es mit Reisig und zündete diesen an. Dann wurde Holz nachgelegt, bis auch dieses Feuer fing und zu Kohle verbrannte. Dieser Vorgang wurde vielfach wiederholt, bis man zum Schluss das Ganze mit einer Decke aus Gras luftdicht abdeckte, unter der das Feuer nur mehr schwelte. Nach vierundzwanzig bis sechsunddreißig Stunden konnte man die fertige Holzkohle herausholen. So einfach dieses Verfahren auch war, so unökonomisch war es, denn es verbrauchte viel Holz, von dem nur ein geringer Teil als Kohle übrig blieb.

Im Harz, aber auch in anderen unwegsamen Waldgebieten, bemühten sich Zisterzienser-Mönche seit dem 12. Jahrhundert um die professionelle Herstellung von Kohle und experimentierten mit Hochmeilern. Es gibt Holzschnitte und Buchillustrationen, auf denen Mönche in Tonsur zu erkennen sind, die eine Axt schwingen, Holzkohle herstellen oder Erz gewinnen. Die Kirche erkannte früh den Zusammenhang zwischen Holzkohle, Fortschritt und Macht und arbeitete daran, sich in dieser Dreieinigkeit ihren Platz zu sichern. Wer im Glauben arbeitet, kann wahre Wunder vollbringen, und die Kirche hatte Zugang zu alten Schriften, in denen bereits die Römer sich mit der Optimierung der Kohle-Erzeugung auseinandergesetzt hatten. Sie schickte ihre Brüder in die Heide, um ihr die Bäume abzutrotzen. Aus Bäumen wurde Holzkohle, aus dem Land im besten Fall Ackerland. Einst bedeutete das Wort »Heide« eine abgelegene, unerschlossene Waldfläche. Heute denkt man bei dem Wort an eine sandige, unfruchtbare Gegend – zu der die gerodeten Gebiete zwangsläufig verkamen.

Die Mönche hatten das Know-how geliefert, und die Landesfürsten übernahmen dieses Wissen und nutzten es im großen Stil, indem die Arbeit an verschiedene Berufsgruppen vergeben wurde. Man unterschied zwischen Montanern und Silvanern, zwischen denen, die im Berg nach den Erzen gruben, und denen, die im Wald arbeiteten, also Bäume fällten, die Wurzeln aushoben, Meiler errichteten.

Ab dem 15. Jahrhundert wurden von den deutschen Forstämtern endlich die Hochmeiler empfohlen, die viel ökonomischer waren, deren Aufbau aber viel Erfahrung bedurfte und über Jahre hinweg erlernt werden musste. Hierfür wurden große Mengen an Holz aufeinandergeschichtet und mit Erde abgedeckt. Die Kunst bestand darin, die Sauerstoffzufuhr so zu regeln, dass der Meiler nie wirklich brannte, sondern das Holz darin lediglich »destillierte«, ihm also das Wasser entzogen wurde. Die Köhler versuchten daher keine Hohlräume entstehen zu lassen, in denen das Feuer sich hätte entfalten können. Während der Meiler von innen heraus angezündet wurde, musste von außen immer darauf geachtet werden, dass durch die Verschwelung entstehende Hohlräume sofort gefüllt wurden, sonst bestand Gefahr, dass der Meiler doch noch Feuer fing. Die Waldarbeiter mussten also Tag und Nacht Wache halten und den Meiler immer wieder abklopfen. Nach bis zu sechsunddreißig Stunden aber hatte man eine reiche Ausbeute.

Der Bedarf an Erzen war riesig, der Bedarf an Kohle folglich auch. Bis ins 8. Jahrhundert wurde dort geschwelt, wo die Erze gefunden wurden; doch war der Wald hier bald verschwunden. Also ging man dazu über, die Kohle nicht mehr direkt an den Erzhütten herzustellen, sondern das Erz dorthin zu bringen, wo das Holz zu Kohle verarbeitet wurde. Im Wort »Eisenhütte« steckt noch die Hütte: Das Erz wurde nicht in einem festen Gebäude geschmolzen, sondern in einer wandernden Notunterkunft, die dem Wald hinterherzog. Und auch die Köhler mussten samt ihrer Hütten tiefer in den Wald eindringen, um an Schlagholz zu gelangen. Die Geschichte der Köhlerei ist zugleich eine Geschichte der totalen Ausbeutung der Natur.

Noch im 16. Jahrhundert schrieb der Italiener Biringucchio über die Gewinnung von Holzkohle:

»Denn offensichtlich gibt es so gewaltige Wälder, dass man nicht glauben kann, dass sie durch diese Verwendung auf Menschengedenken hin jemals verbraucht werden könnten, zumal die freigiebige Natur sie täglich neu hervorbringt.«[74]

Etwas mulmig wird den Forstarbeitern ob des hohen Holzbedarfs dennoch zumute gewesen sein. Der deutsche Forstschreiber Koch beruhigte nicht nur sein Gewissen, wenn er – zeitgleich mit Biringucchio – schrieb:

»Dan die Höltzunge sein der Bergwerke Hertze und des Fürsten Schatz, wan keine Höltzung vorhanden, sein die Bergwerke gleich wie eine Klocke ohne Kleppel undt eine Laute ohne Saiten, Gott gebe es, rede darüber wer da wolle.«[75]

Es wurde mit der Zeit nicht besser. Bereits hundert Jahre später schrieb der Oberförster Andreas Koch aus dem Harz an die Bergverwaltung:

»Es könne zwar nicht geleugnet werden, dass am Hartz viele Berge nackt und bloß seien, doch die Holzversorgung des Bergbaus am Ober- und Unterharz habe schlechterdings ohne Verwüstungen der Geholze nicht sicher gestellt werden können.«[76]

Weitere hundert Jahre später war man sich plötzlich allzu bewusst, dass auch die Wälder endlich sind, und 1710 wurden in Hannover und Braunschweig die ersten technischen Versuche für eine weitere Optimierung der Holzkohlegewinnung durchgeführt. Von diesem Moment an taucht auch der Köhler als respektabler Waldarbeiter vermehrt in den Harzer Chroniken auf. Während er zuvor relativ frei walten konnte und nur darauf achten musste, beim Köhlern nicht gleich den ganzen Wald mit abzubrennen, wurde nun Wert darauf gelegt, wie »nachhaltig« er arbeitete.

»Man hat besonders bei den jetzigen Zeiten Ursache, auf alle möglichen Holzsparkünste bedacht zu sein, bei keiner Sache aber kann mehr Holz erspart werden als bei dem Verkohlen.«[77]

So schrieb der Harzer Forstmann von Zanthier 1799 in seinen Abhandlungen über das theoretische und praktische Forstwesen. Prompt mussten die Köhler des Harzes zwei Jahre später zum ersten Mal überhaupt eine praktische Prüfung ablegen, um Meister zu werden. Ab 1825 gehörte auch das Führen eines Kohletagebuchs zu ihrem Alltag, in dem sie penibel den Holzverbrauch verzeichnen mussten.

1859 geschah etwas, das die Köhler in ihrer Abgeschiedenheit vielleicht zuerst gar nicht mitbekommen hatten. Große Erdölvorkommen wurden entdeckt, und die industrielle Nutzung begann. Wälder, die vor Jahrmillionen aufgehört hatten zu existieren, konnte man anzünden und ihre geballte Energie nutzen. Das schwarze Gold machte der Holzkohle, ebenso wie der Stein- und Braunkohle, den Platz als Energierohstoff Nummer eins streitig. Die Arbeit des Köhlers wurde zusehends unwichtiger für Wirtschaft und Politik und verschwand fast gänzlich. Heute lebt der Köhler hauptsächlich in der Tourismusindustrie wieder auf, denn auch heute ist die Welt komplex, und manch einer sehnt sich nach einer einfachen Hütte im Wald. Was täte man dort den ganzen Tag? Den Wald roden bestimmt nicht. Grillen vielleicht, denn auch dafür wird jede Menge Holzkohle benötigt, die heute aber industriell hergestellt wird.

ILLUSTRATION: ***Köhler*** *mit Gesellen bei der Arbeit am Meiler. Die Frau rechts im Bild bringt Holz zum Schichten. Vorne im Bild eine typische, aus Korb geflochtene Maßeinheit zum Bestimmen der Kohlenmenge.*
Hintergrund: Illustration aus »Meyers Konversationslexikon«, Darstellung zum Bau des Holzes, Querschnitt des Holzes von Rhamnus, das im Herbst gebildete Holz, die Gefäße des Frühlingsholzes, Querschnitt des Eichenholzes, Querschnitt des Kiefernholzes (Herbstholz, Jahresgrenzen, im Verlauf der Markstrahlen gezeichneten Hohlräume sind Harzkanäle).

LICHTPUTZER

(FRANZ.: LE MOUCHEUR)

Beruf am Theater vor der Erfindung des Gaslichts. Der Lichtputzer putzte (kürzte) die Kerzendochte der zur Beleuchtung eingesetzten Kerzen regelmäßig auch während der Vorstellung, um übermäßige Rußbildung zu vermeiden.

ERKENNUNGSZEICHEN: *Dochtschere, auch Lichtschere, Dochtzange, Lichtputzer oder Lichtschneuzen*

AKTIVE ZEIT: *bis zur Erfindung der Argand-Lampe 1783*

Bei den alten Griechen erübrigte sich die Frage, wie die Bühne zu beleuchten sei: Das Schauspiel fand im Freien statt, am helllichten Tag. Erst als das Theater in dafür geschaffene Gebäude zog, dämmerte den Machern, dass ein Dach über dem Kopf zwar vor den unsteten Wetterverhältnissen schützte, dafür aber andere Fragen aufwarf: zum Beispiel die der Beleuchtung. Noch bis in die Zeit von Richard Wagner (der als Erster konsequent dazu überging, den Zuschauerraum zu verdunkeln, um die Dramatik des Geschehens auf der Bühne zu erhöhen), diente das Licht im Theater an erster Stelle dazu, überhaupt eine Sicht auf das Mienenspiel der Schauspieler zu ermöglichen, auch wenn man davon ausgehen kann, dass die Augen unserer kulturbeflissenen Vorfahren lichtempfindlicher waren. Glaubt man den überlieferten Berichten von Zeitzeugen, so war es allerdings genauso wichtig, den Zuschauerraum angemessen zu beleuchten. Als 1778 im Pariser Theater das Licht des im Zuschauerraum angebrachten Kronleuchters mithilfe einer eigens dafür entwickelten Reflektorlampe auf die

Bühne geworfen wurde, beschwerten sich die Pariser Damen über den *»unschicklichen Schatten«*, in den sie sich gestellt fühlten, da *»nun das Licht stärker auf die Bühne gerichtet war«.*[78] Sehen und gesehen werden: ohne Licht nicht möglich. Bühne und Zuschauerraum wurden also gebührend beleuchtet, nur die Logen sparte man aus – was in England zu einigen Tumulten und unflätigen Zurufen und in Neapel zu Techtelmechteln in ebendiesen führte.

Zur Standardeinrichtung des Zuschauerraums zählte der oben erwähnte Kronleuchter, der in der Mitte des Raums an der Decke angebracht war und zu Beginn des Stückes hochgezogen werden konnte. Goethe riet sinnigerweise, diesen an einer metallenen Kette aufzuhängen und nicht an einem leinenen Strick, der zu schnell durch die Hitze der Beleuchtung Feuer fangen könne. 1807 muss ein solcher Kronleuchter in Berlin doch einmal in den Zuschauerraum gekracht sein[79], allerdings nachdem das Publikum den Saal verlassen hatte: Die guten Plätze in der Mitte wurden daraufhin für einige Zeit gemieden, und die dunklen Logen gewannen an Popularität.

Die Wahl der Lichtquelle auf dem Kronleuchter selbst war keine einfache. Nicola Sabbattini, der das Barocktheater reformierte, schrieb:

»Sind die [Lampen auf den Kronleuchtern] von sehr gutem Öl, das auch mit irgendeinem lieblichen Parfüm gemischt ist, damit es keinen schlechten Geruch verbreitet, so werden sie keinen üblen Anblick gewähren, und die Zuschauer werden sicher sein, dass ihnen das Wachs der Kerzen nicht auf den Leib tropft. Aber wenn eine Lampe auslischt (was, wo ihrer so viele sind, leicht geschieht) dann wird sie Gestank verbreiten zum Verdruss der Zuschauer. Die Kerzen aus weißem Wachs wirken vornehmer und geben keinen schlechten Geruch von sich; aber es ist wahr, dass sie manchmal den unter ihnen Sitzenden die Kleider beflecken.«

Sabbattini rät, bei Kerzengebrauch kleine Rundplättchen oder Teller unter den Kerzen anzubringen, damit das Wachs darauftropfe.

Die vielen Spiegel und die Goldfarbe in alten Theatern waren also nichts weiter als Mittel zum Zweck, um das Licht besser zu reflektieren. Bei kleineren Bühnen behalf man sich mit Pech- und Wachsfackeln an den Wänden. Den Ruß, den diese erzeugten, kann man sich nur zu gut vorstellen. *»Der Dampf stieg wie bei einer Bierbrauerei nach oben und wir mussten ihn einatmen«*, bekannte eine Besucherin der Pariser Oper.[80] Wenn vorne dann auf der Bühne noch ein Feuerregen inszeniert wurde, wie zum Beispiel in Shakespeares »Tempest«, dann war das Husten der Zuschauer programmiert und brachte sie an den »Rand des Erstickens«. Ein Theaterbesuch zur Barockzeit war also nichts für Asthmatiker.

Auf der Bühne galt als oberste Regel, das Licht so anzubringen, dass es *»schön, hell und auf solche Weise aufgestellt sein soll, dass es weder mit hängenden Fackeln noch mit anderem Gerät die Sicht auf die Schauspieler versperrt und dieselben nicht in Gefahr bringt, von Wachs oder herabtropfenden Flüssigkeiten getroffen zu werden«*[81], wie ein anderer italienischer Theaterkenner empfahl.

Deshalb ging man dazu über, an der Bühnenrampe entlang eine Reihe von Kerzen anzubringen, deren Licht die Schauspieler von unten erhellte. Der Begriff »Lampenfieber« stammt aus dieser Zeit und hieß zunächst Rampenfieber: Da bei einer Kerze nur ein Prozent der Energie als Licht freigesetzt wird und der Rest als Wärme, war es in der Nähe der Rampe so heiß, dass die Schauspieler fiebrig schwitzten.

Der Kerzenverbrauch in Theatern war enorm. Man muss zu den Zahlen nicht im Dunkeln tappen, sie sind wohlvermerkt. Im Wiener Hoftheater sollen es pro Vorstellung dreihundert brennende Kerzen im Zuschauerraum und fünfhundert Kerzen auf der Bühne gewesen sein. In Versailles, wo alles heller erstrahlte, warfen dreitausend Kerzen ihr Licht auf die Schönen vor und auf der Bühne.[82] Es lag in der Natur der damals üblichen Kerze, dass, je länger sie brannte, desto länger ihr Docht wurde. Wenn er nicht »geputzt«, also abgeschnitten wurde, fing er bald an zu rußen und zu tropfen. Das galt nicht nur für die Theater, sondern für jeden Haushalt, der Geld für Kerzenlicht besaß. Ungefähr alle halbe Stunde musste sich

Come ſi acconcino

ere con le Torcie.

jemand um den Docht kümmern. Unterließ man dies, wurde das Licht der meist aus Tiertalg bestehenden Kerze zum stinkenden, rußenden Ärgernis. Wieder war es Goethe, der befand: *»Ich wüsste nicht, was sie Besseres erfinden könnten, als wenn die Lichter ohne Putzen brennten.«*

Erst im 19. Jahrhundert war mit der Einführung des Paraffinwachses das Rußen einigermaßen unter Kontrolle. Doch davor muss das Putzen oder Stutzen der Dochte eine so selbstverständliche Alltagsbeschäftigung gewesen sein, dass es sogar in einem schwäbischen Kinderlied auftaucht. In Mundart wird hier neben dem Polizisten, dem Gartenhaus und dem Wagenrad auch der Lichtputzer besungen: *»Isch des net e Lichdbudza?«*

Und in der Metaphysik der Renaissance gebrauchte man den Begriff »Lichtputzer« für jemanden, der im Auftrag Gottes die Seelen der Menschen stutzte, damit diese heller strahlen könnten.

Auch am Theater war er unverzichtbar, der Lichtputzer, und entwickelte sich dort zum eigenständigen Berufsbild. Ohne ihn wäre das Spektakel auf der Bühne nur eine rauchige Angelegenheit gewesen, dank ihm eine mitunter erhellende oder gar aufklärende Erfahrung. Da der Lichtputzer immer wieder auch während der Szenen auf der Bühne erscheinen musste, um die Dochte der Kerzen zu putzen, wurde er in die Stücke integriert. Gab es keine passende Rolle, dann doch gewiss ein Kostüm. Auch im Sprachgebrauch differenzierte sich der Lichtputzer vom Bühnengeschehen: Während ein Schauspieler von der Bühne *»abgeht«*, *»geht«* der Lichtputzer lediglich *»weg«*.

Es war keine leichte Aufgabe, die Kerzen zu stutzen, denn, wenn möglich, sollte dabei kein Licht ausgehen. Gelang es einem Lichtputzer, die Kerzen auf der Rampe alle zu putzen, ohne dass eine erlosch, konnte er in Frankreich dafür vom Publikum Applaus ernten. In England dagegen wurde er aufs Gehörigste angepöbelt, wenn er es nicht schaffte, vor allem aus den dunklen Logenrängen. Ein solcher Lichtputzer soll dabei sogar einmal ein Auge verloren haben. Von Goethe ist überliefert, dass er einem Lichtputzer namens Knebel, der das Licht zu kurz putzte, nie wieder gestattete, sich diesem Geschäft zu widmen.[83]

Lichtputzer waren bekannt dafür, dass sie »stanken«, was sie dem Rauch und Qualm, dem sie ausgesetzt waren, zu verdanken hatten. Wahrscheinlich erging es den Schauspielern aber nicht besser. Weil die Lichtputzer ständig mit auf der Bühne waren, kam es, wenn auch selten, vor, dass einer von ihnen für einen kranken Schauspieler einsprang. Und in Hamburg soll es sogar einen Lichtputzer gegeben haben, der Theaterkritiken schrieb.

Neben dem Kerzenschnäuzen waren die Lichtputzer natürlich auch für die Brandwache verantwortlich: Bei so vielen offenen Flammen waren die Gefahrenquellen nicht zu unterschätzen. Allein im 19. Jahrhundert wurden weltweit zwölfhundert Theaterbrände aufgezählt.

Und auch für andere Dinge konnte der Lichtputzer eingesetzt werden: Lessing befand zum Beispiel: Wenn ein Stück nicht lang genug ist, kann noch mal der Lichtputzer herauskommen. So natürlich bewegte er sich im Theaterumfeld.

ILLUSTRATION: *Ein als Pantalone verkleideter* ***Lichtputzer*** *während einer Theateraufführung* der Comedia dell'Arte. *Er wurde ins Stück integriert, um so unauffällig die als Bühnenbeleuchtung eingesetzten Kerzen zu putzen (rußende Dochte schneiden).*
Hintergrund: Illustration aus Nicola Sabbattinis (1574 bis 1654) Buch »Anleitung Dekorationen und Theatermaschinen herzustellen«, zusammen mit der Überschrift »Come si acconcino le Lumiere con le Torcie« – Anleitung, wie man einen Kronleuchter richtig aufhängt.

LITHOGRAPH

Vervielfältigte Bilder im großen, oft auch bunten Stil
ERKENNUNGSZEICHEN: *Selbstbewusstsein und Akribie*
AKTIVE ZEIT: *von der Erfindung der Lithographie durch Alois Senefelder 1798 bis Anfang des 20. Jahrhunderts (Ablösung durch Offset-Printverfahren)*

»Wer weiß die Hallen und dergleichen
So welthistorisch zu bestreichen?
Alfresko und für ewig fast, wenn's mittlerweile nicht verblasst.
Wer liefert uns die Genresachen, so rührend oder auch zum Lachen?
Wer schuf die grünen Landschaftsbilder,
die Wirtshaus- und die Wappenschilder?
Wer hat die Reihe deiner Väter
Seit tausend Jahren oder später
So meisterlich in Öl gesetzt,
Wer wird von allen hochgeschätzt?
Der Farbenkünstler! Und mit Grund!
Er macht uns diese Welt so bunt.«[84]

Wilhelm Buschs Verse bilden nur einen Bruchteil der Orte ab, an denen Bilder seinerzeit zu finden waren. Heute, über hundert Jahre später, sind sie nicht mehr wegzudenken – als Fotos, Grafiken, Illustrationen sind sie allgegenwärtig und sprechen eine komplizierte Sprache, die nicht immer verstanden und gerne auch missbraucht wird.

Zu verdanken haben wir den Umstand dieser Bilderflut einem armen Theaterkünstler, Alois Senefelder, der Ende des 18. Jahrhunderts nach einem Weg suchte, seine selbstgeschriebenen Bühnenstücke billig zu duplizieren, und dabei die Lithographie erfand.

Senefelder: *»Da wirst du, dachte ich, deine eigenen Geistesprodukte selbst drucken.«*[85]

Noch zu Senefelders Zeiten wurde die Erfindung pathetisch dargestellt, als ob es sich um eine der größten der Weltgeschichte handelte:.

»Eines Abends stand an den einsamen Ufern der Isar, nicht weit von den Thoren Münchens, finster und träumend ein junger Mann von abgezehrter Gestalt und fahler Gesichtsfarbe, mit wenigen krampfhaften Gebärden über einem düsteren Vorsatze brütend. Was war für ihn das Leben in dieser Welt des Elends und der Thränen? … Senefelder nähert sich mit festen Schritten dem Flusse, als zu seinen Füßen im Sande ein flacher, glatter, feinkörniger Stein sich seinem Blick darbietet. Bei diesem Anblicke blitzt in seinem Geiste ein leuchtender Gedanke auf.«[86]

Senefelder entwickelte den Steindruck, ein chemisches Verfahren, bei dem Farbe auf einen Kalkstein geätzt und, auf der Basis des Wissens, dass Wasser und Öl sich abstoßen, Bilder reproduzierbar gemacht wurden. Ein komplexes Verfahren mit vielen Hürden, die Senefelder alle meisterte. Zunächst musste der richtige Stein gefunden werden, auf den das zu reproduzierende Bild gemalt wurde. Es stellte sich bald heraus, dass Solnhofener Naturstein durch seine Feinkörnigkeit und Reinheit die besten Qualitäten für die Lithographie aufwies – eine Tatsache, die dem Meer der Urzeit zu verdanken ist: Weil es im Urmeer um Solnhofen fast keine Strömungen gab, konnten die Gesteinsschichten »gemütlich« sedieren. (Legenden nach wurde dieser Stein schon für den Bau der Hagia Sophia in Istanbul verwendet, doch gibt es dafür keine Beweise.) Weit komplizierter war das Malen auf den Stein – das Motiv musste spiegelverkehrt gezeichnet werden, und künstlerische Neigung war notwendig. Senefelder bildete speziell für das lithographische Verfahren Lehrlinge aus. Die Entwicklung einer besonderen Druckerpresse, einer neuartigen »Reiberdruckpresse«, in die man den Stein einspannen konnte und die genügend Druck entwickelte, ohne dabei den Stein zu versehren – auch hierfür fand Senefelder eine Lösung. Das Einzige, was ihm misslang, war, durch seine Erfindung reich zu werden.

Bis zu Senefelders Erfindung der Lithographie, dem Flachdruck oder Öldruck, mussten Bilder im Hoch- oder Tiefdruckverfahren gefertigt werden, als Holzschnitt, Kupferstich, als Radierung oder Holzstich. All diese Verfahren hatten den Nachteil, dass die Zahl der möglichen Drucke endlich war: Beim Holzschnitt konnte man etwa tausend Kopien anfertigen, beim Kupferstich war das schon die absolute Höchstgrenze, und bei einer Radierung waren nur hundert bis zweihundert Abzüge möglich. Wollte man die Bilder farbig gestalten, musste mit Hand und Schablone nachkoloriert werden (eine Tätigkeit, die oft von Frauen ausgeübt wurde). Dafür gab es nur eine geringe Auswahl an Farben. Durch Senefelders Erfindung aber, und durch alle folgenden, die darauf aufbauten, waren bis zu zwanzig Farben in einem Bild möglich, das zudem schnell und auch noch unendlich oft vervielfältigt werden konnte. War das Bild auf dem Stein »abgenutzt«, konnte man es auf einen weiteren Stein kopieren; meist hatte man einen Mutterstein, der als Vorlage diente. War man mit einem Motiv fertig, konnte der Stein millimeterdünn abgeschliffen und für ein neues Motiv verwendet werden. In den Fachblättern der Zeit wurden gebrauchte Lithosteine billig angeboten, teilweise noch mit der letzten Zeichnung, zum Nachdruck.

Das Potenzial dieses Verfahrens wurde von der Industrie sofort erkannt und revolutionierte das Leben aller. Das Zeitalter der Bilder war angebrochen.

Kolporteure – Bilderhändler – hatten schon im 16. und 17. Jahrhundert Bilderhandelsstraßen ausgebaut, die von Italien bis nach Sibirien reichten. Auf Jahrmärkten, an Stadtmauern oder an festen – »*stationary*« – Orten vor den Toren der Stadt (daher das englische Wort *stationary* für einen Papierverkäufer) boten sie ihre Bilder an. Es gibt unzählige Abbildungen von solchen Verkäufern.

WIE EIN LIEBIG
In der
Liebi
Gesetzl. geschützt.

ENTSTEHT - 3.
MANUFACTUR
Fray Bentos
aphie.
Fleisch-Extract.
In der Lithographie.
Erklärung siehe Rückseite.

Dank Senefelders Erfindung wurde es möglich, selbst die Werke alter Meister zu reproduzieren und billig anzubieten, für weniger als die Hälfte des Preises anderer Druckmethoden. 1837 gab es in Berlin siebzehn Steindruckereien, knapp fünfzig Jahre später waren es tausendfünfhundert Betriebe, wenn man die freien Lithographen dazuzählte.[87] Diese rasante Entwicklung war nur möglich durch eine Spezialisierung der Industrie, die die Arbeit der Lithographen in die der Steinmaler und die der Drucker unterteilte, ihre Produkte auf den internationalen Messen ausstellte und begann, durch Kataloge zu werben. Die Steinmaler bekamen, was sie verlangten, und wurden händeringend gesucht. Auch die Drucker, die den Stein vorbereiten mussten und dann den Druck durchführten, verdienten für die Verhältnisse der Zeit gut. Der Bedarf an Bildern aller Art schien unersättlich.

Denken in Bildern, Erziehen in Bildern, seinen Geschmack zeigen in Bildern. Man begann bunte Grußkarten zu Ostern oder Weihnachten zu verschicken. Geschäftspapiere wurden gedruckt, Produkte durch Plakate beworben. In den Schulen wurden Schulwandbilder aufgehängt und revolutionierten die Vorstellungswelt der Kinder. Lexika, die zuvor nur die Gelehrten benutzten, nannte man plötzlich »Konversationslexika« und illustrierte sie bunt. Bildungsbürger zeigten damit ihren guten Geschmack.

Unvergessen sind Liebigs Fleischextrakt-Sammelbildchen, die jedem Liebig-Produkt beigelegt waren und Themen wie »Merkwürdige Bäume«, »Straßenszenen der Welt« oder »Baustile« darstellten. Es waren dicht erzählende Bilder, natürlich stereotypisiert, aber so eindrücklich, dass ihre Bildsprache bis heute nachhallt. Und es waren nicht mehr nur die Reichen, die ihre Wohnungen mit Bildern schmückten – Wandbilder waren nun für jedermann erschwinglich. Auf alten Fotos von Berliner Mietwohnungen sieht man es deutlich: An jeder noch so abgewetzten Tapete zeigten ausgewählte Bilder ein bisschen Liebhaberei, Romantik, Mut zum eigenen Geschmack. Bilder bekamen den gleichen Stellenwert wie Möbel. Die Zeitschrift »Die Gartenlaube« schrieb 1884 dazu:

»Der schöne Luxus reichster Leute wird immer mehr zu einem

bürgerlichen Gemeingut, so dass Schönheitssinn und durchheiterte Häuslichkeit aus den Bel-Etagen bis in die Dachkammer hinauf- und in die Keller hinuntersteigen, der Rohheit und Hässlichkeit den Mund stopfen und die Faust lähmen.«[88]

Es war ein aufkeimender Reformationswille, vor allem unter den Kunsthändlern und den gerade entstehenden Kunstvereinen, die hofften, durch klassische Bilder auch die klassische Bildung zu fördern. So erklärte der berühmte Kunstverleger Gaillard:

»Hier findet man in mancher kleinen Hütte, fern an den Grenzen der Kulturbezirke und tief im Lande, wo keine Straßen sonst die fortschreitende Bildung hintragen und der Weg zu den Bildergalerien großer Städte herzlich weit ist, treffliche Nachbildungen der besten Werke der größten Künstler an den Wänden, an denen sonst nur jämmerliche Machwerke farbenbeckleckster Bilderbogen zu finden waren. So macht der Öldruck unsere Kunst zum Gemeingut aller.«[89]

Die Kunstvereine und Kunstverleger arbeiteten zusammen und sprachen Empfehlungen aus, welche Art von Bild sich für welchen Raum eigne. Für den Salon wurden große historische Darstellungen und Landschaften empfohlen. Böcklins »Toteninsel«, ein Bild, das 1880 entstand, wurde zu einem der beliebtesten Salonbilder, weil *»es sich durch seine Größe am besten zur Ausschmückung der Sofawand eignet«*. Für das Speisezimmer wählte man *»fröhliche, unbeschwerte Motive«*[90] wie die Stillleben der Niederländer. Im Herrenzimmer fanden sich orientalische Schönheiten, trinkende Mönche oder Bacchus-Darstellungen, und der Spitzenreiter für das Schlafzimmer war der Elfenreigen. Für das Kinderzimmer wurde eine eigene Bildsprache entwickelt: Märchenszenen und Schutzengel; man versuchte sich an klaren Linien und kräftigen Farben. Auch der öffentliche Raum wurde bebildert: Handwerksstuben bevorzugten patriotische Motive an ihren Wänden, Handelskontore Kalender, und Friseure zeigten den Kaiser. Der Klassiker bei den Sozialdemokraten war ein gestickter Haussegen mit einem Porträt von Marx oder Engels. Für Krankenhäuser gabs Heiligenbilder. Selbst für Militärlazarette entdeckte man, dass *»das Bild eines der wir-*

kungsvollsten und edelsten Mittel bietet, den Krieger gewissermaßen herauszureißen aus Schrecken und Vernichtung«.[91]

Wie sehr man selbst beim Reisen erwartete, von interessanten Bildern umgeben zu sein, zeigt ein Ausschnitt aus dem Buch »Menschen im Hotel« mit einer Passage von 1929:

»Buchhalter Kringelein inspizierte sein Zimmer im Grand Hotel – die Möbel – Kringelein befühlte sie, waren aus poliertem Nussholz. Solche Möbel gab es in Fredersdorf auch. Ein Bismarckbild hing über dem Bett. Kringelein schüttelte den Kopf. Er hatte nichts gegen Bismarck, aber der hing auch zu Hause. Dunkel erwartete er im Grand Hotel andere Bilder über den Betten, üppige, bunte, außergewöhnliche Bilder, die Vergnügen machten.«[92]

Überhaupt empfahl die Zeitschrift »Der Kunstwart«, für Reisen in die Sommerfrische sein eigenes Bild mitzunehmen, um den Aufenthalt erträglicher zu machen.

Unschlagbar waren die Heiligenbilder, ob ganz klein im Fensterrahmen oder groß, mit dramatischen Lichteffekten und kitschig verklärt. Christliche Bildvereine kämpften gegen den Massenschund der Kunstvereine und boten doch nur das Gleiche an. Die aufsteigenden Kunstdruckverlage priesen ihre Bilder in Katalogen: *»Ein religiöser Wandschmuck allerersten Ranges«*[93], *»Bestes Schlafzimmerbild!«*[94], *»Interessante Szene aus dem Ballsaal, nicht ohne Pikanterie, aber trotzdem sehr dezent«*[95].

Senefelder, der Unschuldige, schrieb ein Buch über seine Erfindung des Steindrucks und beendete sein erstes Kapitel mit den Worten:

»Ich wünsche, dass sie bald auf der ganzen Welt verbreitet, der Menschheit durch viele vortreffliche Erzeugnisse vielfältigen Nutzen bringen, und zu ihrer größeren Veredelung gereichen, niemals aber zu einem bösen Zwecke missbraucht werden möge. Dies gebe der Allmächtige! Dann sei gesegnet die Stunde, in der ich sie erfand!«[96]

Senefelders Erfindung machte Bilder zur Massenware. Sie werden nicht nur im Guten genutzt, Propagandabilder treffen tief ins

Herz, Werbung weckt Gefühle, die ohne die Bilder nicht mit diesen in Verbindung gebracht werden würden. Das Medium Bild war so stark geworden, dass an seiner Reproduktion weiter gefeilt und entwickelt wurde. Das Offsetverfahren löste Mitte der zwanziger Jahre die Lithographie ab. Heute wird wieder anders gedruckt; vor allem im Digitaldruck: Grafiker am Computer erarbeiten die Bilder. Lithographen findet man nur noch vereinzelt in der Kunstszene, wo die Handwerklichkeit dieser Methode hoch geschätzt wird.

ILLUSTRATION: ***Lithograph** beim Überprüfen seiner Arbeit. Der gutbezahlte Experte konnte es sich leisten, in Zylinderhut und mit Glacéhandschuhen in der Werkstatt zu erscheinen. Die Handschuhe blieben an den Händen, um den zu bearbeitenden Stein nicht durch Fett zu beschmutzen.*
Hintergrund: »Liebig-Bild Nummer 3 – In der Lithographie«, aus der Serie 696 (1906) »Wie entsteht ein Liebig-Bild« (Sammelbilder, beigefügt zu den Produktpackungen von »Liebig's Fleisch-Extract«).

LUMPENSAMMLER

Sammler von Lumpen, Eisen, Knochen, Altpapier für die Rohstoffrückgewinnung
ERKENNUNGSZEICHEN: *Wagen oder Schubkarre, auf die die Lumpen geschmissen wurden, laute Stimme, manchmal eine Glocke oder eine einfache Blechflöte*
AKTIVE ZEIT: *seit der Erfindung des Buchdrucks bis zum Beginn des Zweiten Weltkriegs*

In der Serie »Weltmelodien« wurde 1959 ein fröhliches Liedchen für Akkordeon mit Harmonikabegleitung veröffentlicht, im Walzertakt, zum Mitschunkeln:

»Jahraus, jahrein fährt er mit seinem Wagen,
jahraus, jahrein bei uns von Tür zu Tür.
Jahraus, jahrein hört man ihn singend fragen:
Haben Sie Eisen, Lumpen, Knochen und Papier,
haben Sie Eisen, Lumpen, Knochen und Papier?
Sein altes Lied hat jeder schon gehört,
doch hat er nie ein Mädchenherz damit betört.«

1959: Zu diesem Zeitpunkt existierte der Lumpensammler nur mehr als Kindheitserinnerung, und bekanntlich ist im Rückblick vieles schöner als in Wirklichkeit.

»Im Lumpensammler konzentrieren sich die ekelerregenden Dünste von Kot und Leichen«, schrieb Bernardino Ramazzini in seinem 1700 erschienenen Werk »De morbis artificum diatriba –

Untersuchung von den Krankheiten der Künstler und Handwerker«.[97] Kein Wunder also, dass das mit dem zu betörenden Mädchenherz und dem Lumpensammler, wie im Lied angedeutet, nicht so harmonisierte. Es waren auch meist Alte und Gebrechliche, die das Lumpensammeln als Ertrag bringende Tätigkeit für sich entdeckten. Aus gutem Grund: Wer erst damit begonnen hatte, durfte nicht hoffen, alt damit zu werden. Milzbrand war eine der häufigsten Todesursachen in diesem Beruf. Ansonsten Infektionskrankheiten wie Blattern, Krätze, Rotlauf, Typhus und Cholera.[98]

Lumpen ist ein viel zu sauberes Wort für das, was auf den Karren der armen Schlucker landete, die sich mit diesem Gewerbe ihr tägliches Brot verdienten. Die größte Menge davon nahmen Stofffetzen ein, die so verdreckt waren, dass ihr weiterer Einsatz im Haushalt niemandem mehr zumutbar war: allmonatlich das, was Frauen sich zwischen die Schenkel klemmten, dann Tücher, die zur Krankenpflege benutzt wurden, Lappen, die eitrige Wunden verbanden, Reste, die zugige Winkel abdichteten, Putzlappen und so fort – feucht, verschimmelt, voll von Würmern, Maden, Insekteneiern. Doch wofür all die Lumpen? Sie wurden vor allem zur Papiergewinnung verwendet.

Die Nachfrage nach Stoffabfällen stieg stetig seit der Erfindung des Buchdrucks mit beweglichen, wieder verwendbaren Lettern durch Gutenberg um 1450. Papier, in Europa seit Ende des 13. Jahrhunderts bekannt, und damit auch der »Rohstoff« Lumpen, war plötzlich so begehrt, dass selbst oben auf der Kanzel die Pfarrer sogenannte Lumpenpredigten hielten, ein Sammelaufruf zur Nachhaltigkeit. Wo man zuvor nur auf Papyrus und auf Pergamentpapier, das aus Tierhäuten gewonnen wurde, schrieb, wusste man nun die alten Fetzen zur Papiergewinnung einzusetzen: Feine Lumpen lieferten feines Papier, grobe Lumpen grobes Papier, wollene Lumpen Löschpapier. In England war Leinen, das je nach Qualität für Post- oder Konzeptpapier verwendet wurde, so gefragt, dass eine Zeit lang die Totenhemden aus Wolle genäht wurden und nicht aus Leinen.

Die Aufgabe des Lumpensammlers bestand zuerst darin, sich die Lumpen zu verschaffen. Dies tat er, indem er mit einem Karren durch die Straßen lief und mit lauter Stimme sein Anliegen ausrief: *»Ich habe eine ganz gute Stimme, die auf der Straße zehn Häuser weit schallt und auch im zweiten und dritten Stockwerk, selbst in den hinteren Räumen gehört wird«*[99], bekannte ein stolzer Haderlump (Hader ist ein altes Wort für Lumpen). Zum Tausch bot er Kurzwaren an. Er selbst wurde von den Papierfabriken nach Qualität und Menge der Lumpen in barer Münze bezahlt. Am Ende des Tages wurde alles auf dem Lumpenboden ausgeschüttet und dort von Frauen und Kindern sortiert, gegebenenfalls wurden Schnallen, Knöpfe und dergleichen abgetrennt. Dann schnitt man die Stoffe in kleine Stücke. In der Papiermühle wurden die Fetzen von Papiermachern eingeweicht und zu Fasern zerstampft, aus deren Brei sie das Papier schöpften.

War zu Beginn das Gewerbe der Lumpensammler ein Auffangbecken für Menschen, denen keine andere Tätigkeit übrig blieb, so wurde der Beruf des Lumpensammlers mit der Zeit besser organisiert, nicht aber angesehener. Jeder Sammler war einer bestimmten Papiermühle zugeteilt, diese achtete darauf, dass in ihrem Bezirk nur ihre Sammler tätig waren. Um dies zu kontrollieren, wurden die Lumpensammler mit Pässen ausgestattet, wie der des Sammlers *»Roß, 1767: aus Ochtrup bürtig, fünffzig Jahre alt, mittlerer Statur, blauer Rock, bräunliche Augen, braune Haare«.*[100]

Vor diesem Hintergrund wird erklärlich, warum sich die Hannover'schen Papiermühlen bei ihrer Obrigkeit beschwerten, dass die Bürger der Stadt nur schlechte Lumpen abgaben. Man vermutete zwar, dass die feinen Bürger auch feine Stoffe für feines Papier hätten, davon landete aber nichts auf den Karren der Sammler. Es dauerte eine Zeit, bis man erkannte, dass der Engpass einzig durch die Mägde und Dienstboten der Bürgerhäuser verursacht wurde: Die neideten den Lumpensammlern den Verdienst in barer Münze bei den Mühlen, während sie von den Sammlern nur Kurzwaren zum Tausch erhielten.

Seit dem 17. Jahrhundert häuften sich Vorfälle von Lumpen-

Serenissimi
Abstellung
Lumpen
Dato Berlin, den

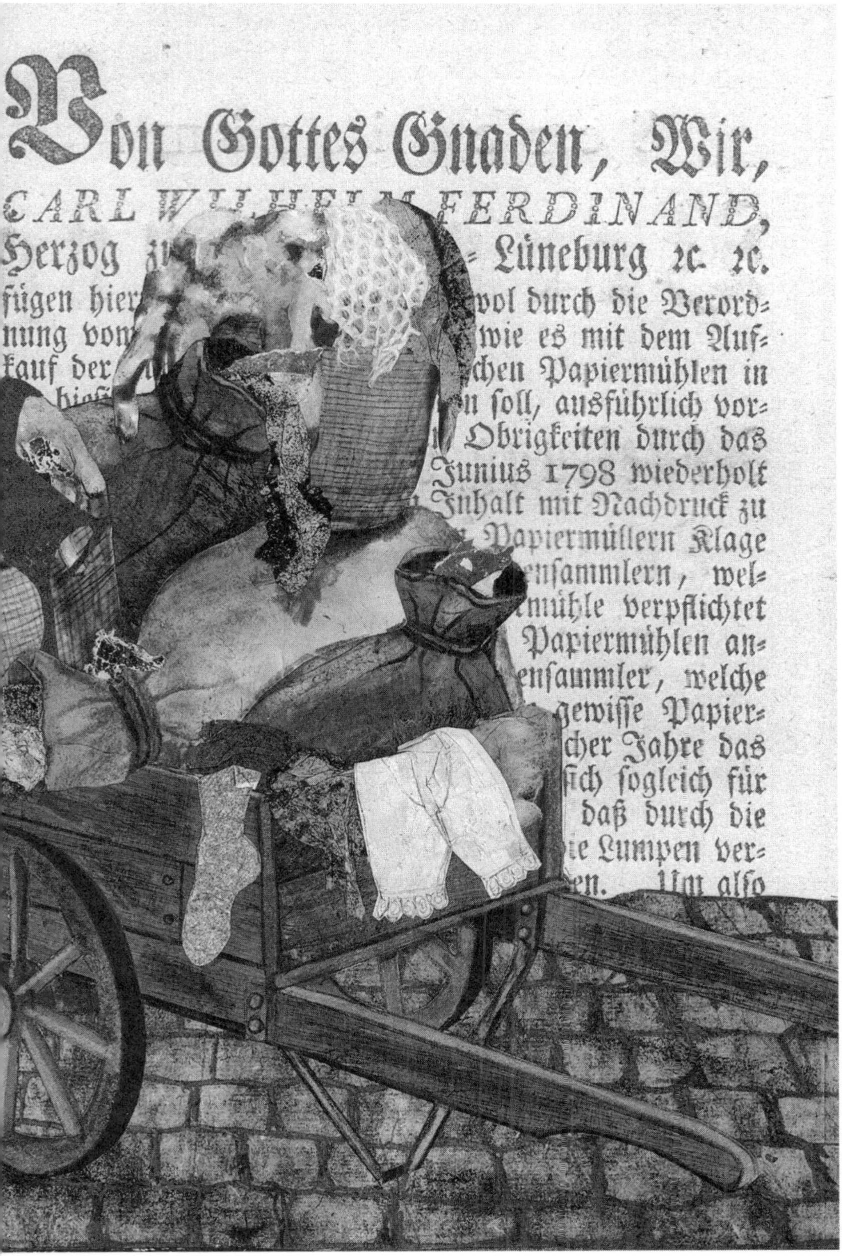

Von Gottes Gnaden, Wir,
CARL
FERDINAND,
Herzog
Lüneburg ꝛc. ꝛc.
fügen hier
wol durch die Verord-
nung vom
wie es mit dem Auf-
kauf der
chen Papiermühlen in
soll, ausführlich vor-
Obrigkeiten durch das
Junius 1798 wiederholt
Inhalt mit Nachdruck zu
Papiermüllern Klage
ensammlern, wel-
mühle verpflichtet
Papiermühlen an-
ensammler, welche
gewisse Papier-
cher Jahre das
sich sogleich für
daß durch die
ie Lumpen ver-
en. Um also

schmuggel. Das kommunikationshungrige Europa gierte nach Papier. Der Rohstoff Lumpen wurden zum brisanten Politikum und durfte nicht über die Landesgrenzen gebracht werden.

In der Weimarer Republik entwickelte sich die größte europäische Lumpensammelbörse in Berlin in der Spandauer Vorstadt. Hier wurden, meist von jüdischen Unternehmern, zweihundertzwanzig verschiedene Sorten »original bunte Lumpen« europaweit getauscht. Es gab sogar eine eigene Zeitschrift »Rohproduktgewerbe«, die sich mit nichts anderem beschäftigte.[101]

Die Blütezeit des gar nicht rosigen Handwerks endete in Westdeutschland mit den Nationalsozialisten. Als Reichskommissar für Altmaterialverwertung appellierte Göring 1939 an die Bevölkerung: *»Es stimmt, wir haben wenig Rohstoffe, aber wir haben sie bei uns. Die anderen haben viele Rohstoffe, aber sie müssen sie von weither holen.«* Und: *»Der Lumpen ist ein wichtiger innerdeutscher Rohstoff, ein Rohstoff, der insbesondere durch fleißiges Sammeln der Schulkinder zusammengetragen werden kann und der seinen Teil dazu beitragen wird, die Rohstofffreiheit des Großdeutschen Reiches bald zu erreichen.«*

Da die Kinder eifrig bei der Sache waren, blieben nicht mehr viele Lumpen für die professionellen Sammler. Erst nach dem Krieg, in Ostdeutschland, und seltener im Westen, zogen sie wieder vereinzelt von Tür zu Tür.

Eines aber konnte bis zum Ende nicht gebrochen werden: der Berufsstolz der Lumpensammler. Denn wenn es auch wenig war, was sie verdienten, es war ihr eigener Verdienst. Und ein ehrbarer.

»Ja, seh Er mich nur an! – Ich bin ein Lumpensammler, ein armer, jämmerlich einherziehender Kerl mit hohlem Aug und eingefallener Wange, mit verschossener, bewichster Jacke und zerrissener Hose. – Braucht nicht verächtlich wegzuschauen von meiner bleichen Gestalt, oder das Sacktuch vor Nase und Maul zu halten, weil ich eben keinen Ambra- oder Moschusduft von mir gebe, wie die feinen Pflastertreter…, die um nichts besser sind als die Lumpen in meinem Sack. Ich bin ein ehrlicher Kerl, der des Lebens Mühe und Qual

bis auf die Neige geleert hat und in dem Meere des Wehes und der Schmerzen, auch wohl zivilisierte Gesellschaft genannt, untergesunken ist, bis er auf dem Lumpensack zu liegen gekommen.«[102]

ILLUSTRATION: *Alter* ***Lumpensammler****, der mit seinem Wagen durch die Gassen zieht und nach Lumpen ausruft. In seiner Westentasche die typische Flöte, mit der er seine Erkennungsmelodie laut in die Häuser erschallen lässt. Hintergrund: Verordnung des Herzogs von Braunschweig von 1801, der darin gegen die »die Abstellung einiger bei dem Lumpensammeln eingerissenen Missbräuche betreffend« vorgeht. Angeführt werden darin Vergehen wie das Abführen der Lumpen außer Landes und die Verpflichtung der Lumpensammler gegenüber eingetragener Papiermühlen.*

MÄRBELPICKER

Person, die Kalkstein für Murmeln klopfte
ERKENNUNGSZEICHEN: *Staub am Bart, »beady eyes« – stierer Blick (Knopfblick)*
AKTIVE ZEIT: *in Thüringen/Coburger Land von der Errichtung der ersten Märbelmühle 1769 bis nach Ende des Ersten Weltkriegs*

In der Mozartkugel steckt weit mehr, als man beim ersten Biss vermutet. Zwar stellt sich beim Genuss dieser Praline die Frage nach den Inhaltsstoffen (Marzipan?), doch viel mehr interessiert: Warum eigentlich in Kugelform?

Die Form verweist auf ein anderes Exportgut der Salzburger und Berchtesgadener Gegend, nämlich die Marmormurmeln, für die der Landstrich vor der Mitte des 18. Jahrhunderts berühmt war. Die Salzburger Märbel galten als besonders schön und wurden von Händlern europaweit als Spielzeug angeboten. Wahrscheinlich hatte auch der junge Amadeus auf seinen Reisen immer ein Säckchen zum Klickern dabei.

Die Salzburger hüteten ihr Geheimnis wohl, wie sie es fertigbrachten, solch perfekt runden Murmeln herzustellen. Doch als 1732 über dreißigtausend Salzburger Protestanten, darunter auch Märbelhersteller, wegen ihrer Religion vertrieben wurden und viele davon gen Norden, ins – zumindest in Glaubensfragen – tolerante Preußen zogen, nahmen sie das Geheimnis mit. Unterwegs kamen sie auch in Thüringen vorbei, wo sie gastfreundlich aufgenommen wurden. Die Thüringer kannten die Salzburger Murmeln, und man wird sich unterhalten haben über Produktionstechniken und Möglichkeiten des Aufbaus einer lokalen Industrie. Nachweislich geblieben ist keiner der Flüchtlinge; doch werden sich erste Ideen damals in den Köpfen der Thüringer eingenistet haben. Es war eine Zeit des Umbruchs, und man suchte nach neuen Betätigungsfeldern. Es wäre nicht der erste Ort in Thüringen gewesen, wo sich durch das langsame, aber stete Verschwinden des Bergbaus viele neue Berufe herauskristallisierten. Je nach Region und Bodenschätzen spezialisierte man sich als Orgelbauer, Spielzeugmacher, Glaskugelbläser und so fort. Warum also nicht auch Murmelmacher? Es dauerte dreißig Jahre, bis einem Thüringer Kaufmann die erste Konzession zum Bau einer Märbelmühle erteilt wurde, und viele weitere Jahre, bis sich das neue Geschäftsmodell, die Herstellung von Murmeln, etabliert hatte. Zu ihren Bestzeiten, etwa im Jahr 1880, exportierten die Thüringer Märbelmühlen 135 Millionen Murmeln in die ganze Welt. Die billigen Steinmurmeln waren da schon lange den Kinderhänden entwachsen und wurden für die Verteidigung im Seekrieg eingesetzt: Als sogenannte Kartätschen, als Geschoss, zerfetzten sie die Takelage von Schiffen, bis die Einführung von segelfreien Dampfschiffen diesem Tun ein Ende setzte.

Doch Absatzmärkte fanden sich rund um den Erdball. In Thüringen trafen Bestellungen aus Valparaiso, aus Afrika und aus Indien ein:

»Mermel, Schusser oder Schnelkäulchen sind marmorne Kügelchen, womit gespielt wird, welche aber in Ost- und Westindien sehr viele Liebhaber haben müssen, da die Holl- und Engländer jährlich viele Millionen brauchen.«[103]

Es waren allerdings keine Liebhaber, die sich die Murmeln bestellten. Die Märbel wurden zwar über London und Rotterdam nach Indien und Indonesien verschifft, aber wie und ob sie dort zum Einsatz kamen, ist fraglich. Ihr Verdienst lag einzig in der Tatsache, dass die Handelsschiffe der East- und Westindian Company auf ihrer Fahrt nach Osten weniger schwer beladen waren als auf der Rückfahrt. Es galt, Platz zu haben, um Gewürze und Stoffe einzukaufen. Um dieses Defizit – hin leer, zurück voll – auszugleichen, belastete man den Kiel der Schiffe mit den One-way-Murmeln. Diese waren bequem in Säcke gepackt, hatten ein relativ hohes Eigengewicht und nahmen nur wenig Raum ein. Ob die legendären Tauschgeschäfte mit den »edlen Wilden«, Murmeln gegen Elfenbein oder Sklaven, auch damit zusammenhängen, bleibt Vermutung, würde aber erklären, wie man überhaupt auf die Idee kam, so viele Murmeln mitzunehmen.

Die Thüringer Murmeln fanden jedenfalls großen Anklang in Afrika und Amerika, wo man damit die Häuser dekorierte, indem man sie in Form von schönen Mustern in den Putz legte. Zu Hause schmückte man damit die Grabsteine.

Doch bis die Thüringer Murmel zu einem solchen Welt-Exportschlager werden konnte, mussten dringend einige Fragen geklärt werden. Welcher Rohstoff eignete sich, und welches Verfahren sollte man anwenden?

Was die erste Frage betraf: Marmor, wie in Salzburg oder Berchtesgaden, gab es keinen. Es gab aber Muschelkalkstein, und nach vielen Versuchen wusste man auch, aus welchen Gesteinsschichten er sich am besten eignete: Denn war er zu hart, beschädigte er die Mühle; war er zu weich, gab es zu viel Ausschuss.

Zum Abbau des Gesteins setzte man Tagelöhner ein. Diese mussten, wenn nötig, auch Stollen graben, um an den Stein zu gelangen. Und das konnte lebensgefährlich werden.

»Mehr Glück hatte da der Michel aus Hämmern im vorigen Jahr. Dieser stak den ganzen Tag mit dem Unterkörper unter einer Märbelplatte. Zehn Stunden arbeiteten die Steinhacker an seiner Rettung. Endlich brachten sie den Verunglückten lebend, doch gedrückt und gequetscht heraus und schafften ihn in einem Backtrog in sein Haus.«[104]

Die ganze Familie half mit, den Stein aus dem Stollen zu schaffen und in kleinen Holzhütten zu lagern. Auf gepachteten Wiesen standen solche »Indianerdörfer«, wie die Ansammlung dieser Lager im Volksmund genannt wurde. Der frisch geschlagene Stein musste sorgfältig abgedeckt werden; wurde er zu kalt oder zu trocken, zer-

A. Wasserrad 18' incl. Schaufel.
B. Kamrad 7' 7½'
C. Drehling 2' 2¾'
D. Stirnrad 7' 5'
E. Getriebe 1' 1⅓'
F. Stein 3½' Durchm. 18'' hoch.
Saemtl. Theilung ist 3½ Zoll.

Grund- und Aufrisse zu einer Schusser Mühle.

bröckelte er schnell. Im nächsten Schritt mussten aus dem Stein kleine gleichmäßige Würfel geklopft werden, die dann, um das Zählen zu vereinfachen, in eine Kiste von vorbestimmter Größe gepackt wurden. Ein geübter Märbelpicker schaffte neuntausend bis zehntausend Würfel an einem Tag, wobei der *»Altmeister der Zunft Emil Bätz aus Truckenthal erzählte, wie er bei einem Wettstreit in Frankreich in 40 Stunden 50 000 Märbel geklopft habe und trotzdem nur Zweiter wurde«.*[105]

Wenn der Märbelpicker seine Kästchen mit Steinwürfeln zum Märbelmüller trug, wurde er dort für seine Arbeit belohnt: Außer seinem Gehalt erhielt er – so erfährt man in den Heimatblättern – eine Mahlzeit, die entweder aus Forelle blau oder einem eingepökelten Fleisch, meist Hund, und mehreren Schlucken »Franzmann mit Birne«-Likör bestand. Während der Märbelpicker so abgespeist wurde und nur wenig verdiente, konnte der Märbelmüller mit größeren Margen rechnen. Dabei galt es einige Hindernisse zu überwinden. Zuerst musste die Konzession für einen Märbelmahlgang beantragt werden. Meist waren es Getreide-, Papier- oder Walkmühlen, die ohnehin existierten, in die man einen Märbelmahlstein einsetzen konnte. Als es sich aber abzeichnete, dass sich das Märbelmahlen lohnte, wurden auch Mühlen gebaut, die nur zum Märbelmahlen verwendet wurden. Das waren kleine, aufs Notwendigste reduzierte Gebäude. Um an eine Konzession zu gelangen, war alles erlaubt: Von einem Müller wird berichtet, dass er beim Hofball sogar mit der Herzogin tanzte und ihr so sein Anliegen vortrug. Später, als die Märbelindustrie unzählige Familien ernährte, wurde es einfacher: Um die letzte Jahrhundertwende zählte man in Südthüringen einhundertdrei Märbelmühlen entlang der Bäche und Flüsse.

Was in der Mühle geschah, war, wie in jeder Mühle, geheimnisvoll, wobei das vielleicht auch daran lag, dass der Müller in der Hochsaison Tag und Nacht mahlte und keine Zeit hatte, sich in den Wirtshäusern herumzutreiben. Auch von den Märbelmüllern wird berichtet, dass sie immer nur so lange schliefen, wie ein Mahlgang dauerte, und dass sie am Geräusch der knirschenden Steine hören konnten, ob sie schon rund geworden waren. An die siebenhundert Kalksteinwürfel wurden hierzu auf den gusseisernen Mahlstein, der mit Rillen versehen war, gelegt. Dann wurde von oben der Mühlstock aus hartem Buchenholz heruntergelassen, und das Mühlrad begann sich zu drehen. Ein Mahlgang dauerte zirka dreißig bis fünfundvierzig Minuten, dabei schlugen sich die Würfel gegenseitig rund.

Größere Kopfarbeit verursachte das Zählen der Märbel. Die ersten Märbelmüller zählten immer fünf Murmeln pro Hand, zwei Hände waren ein Wurf, hundert Würfe passten in einen Sack. Später wurden Zählbretter entwickelt. In diesen waren pro Brett zehn mal zehn Mulden eingebohrt. Damit schöpfte man die Märbel, streifte die überschüssigen ab und schüttete die gewünschte Menge in den Sack.

Das größte Geheimnis eines jeden Märbelmüllers aber war das Färben der Kugeln. Dieses Wissen wurde im Laufe der Zeit immer wertvoller, denn ab Mitte des 19. Jahrhunderts tauchten die ersten Glaskugeln auf, die bei den Kindern beliebt waren. So mussten also die Steinmurmeln ebenfalls möglichst bunt und leuchtend aussehen. Man konnte entweder bereits die Würfel einfärben, indem man sie in gefärbte Flüssigkeit legte, oder aber man streute die Farbe in einem zweiten Mühlgang auf die Murmeln und ließ durch die Reibung die Farbe in die Murmeln brennen. Im nächsten Schritt wurde mit einer Schwefellösung die Farbe intensiviert. Da der Müller dabei aber viel giftigen Farbstaub einatmete, ging man später dazu über, in rotierenden Fässern zu färben, was wunderbar funktionierte. Heute ist dieses Wissen zugänglich, weil sich eine Handvoll Heimatmuseen im Südthüringischen und Coburger Land diesem Thema gewidmet haben.

Das Geschäft mit den Märbeln war kein stetes, und es war vor allen Dingen ein Pfenniggeschäft. In Kriegszeiten wurden viele Murmeln gekauft, in Friedenszeiten nur wenige. Es gab fette Müller, die später fast verhungerten, und es gab Tagelöhner, die so wenig verdienten, dass sie aufhörten, Würfel zu spalten und abzuliefern. Dennoch: In den guten Zeiten hatte sich schnell herumgesprochen, dass man aus Kalkstein Gewinn schlagen konnte. Man begann auch in anderen Gegenden, in denen Muschelkalkstein gefunden wurde, wie im Elsass, Märbelmühlen zu bauen und Thüringer Märbelpicker anzuheuern. Allerdings blieben die Thüringer Mühlen bis zum Ende dieses Industriezweigs die bekanntesten und produktivsten. Heute wird davon nur mehr »gemurmelt«.

ILLUSTRATION: *Thüringer* ***Märbelpicker*** *beim Abspalten von Kuben aus dem Kalkstein, die später in den Märbelmühlen rund gemahlen wurden. Ein typisches Zählbrett sowie genormte Kästchen dienten zum Zählen der rohen Steine.*
Hintergrund: »Grand- und Aufrisse zu einer Schusser Mühle«, die von der herzoglichen Kammer bei Mönchröden im Jahr 1804 erbaut werden sollte. Entwurf und Zeichnung von Bauinspektor Gottfried Eberhard.

PATERNOSTERMACHER/ BERNSTEINDREHER

Verarbeitete Bernstein zu Gebetsketten
ERKENNUNGSZEICHEN: *lebte nicht da, wo der Bernstein herkam*
AKTIVE ZEIT: *ab dem 12. Jahrhundert*

Laut dem »Allgemeinen Deutschen Reimlexikon«[106] von 1826 reimt sich Bernsteindreher, zusammen mit Beindreher, Nasendreher, Pillendreher und insgesamt vierundzwanzig weiteren Drehern auf Fleher, Geher, auf einundvierzig Versionen von Seher, wie Schulaufseher oder Unglücksseher, aber auch auf Wonnenweher und Kirchenvorsteher. Wer sich inspiriert fühlt, könnte nun das eine oder andere Gedicht verfassen. Letztendlich aber diente das Hauptprodukt der Zunft der Bernsteindreher – der Paternoster oder Rosenkranz – zum Runterleiern von Gebeten, nicht von Gedichten. Ganz im Sinne von *»Die Tränen frommer Seelen, faßt Gott und läßt sie zählen«*, wie die Aufschrift eines Kupferstichs[107] lautet, auf dem der Paternostermacher abgebildet ist.

Dass so viele Rosenkränze ausgerechnet aus Bernstein gearbeitet wurden, kommt nicht von ungefähr. Dem baltischen Gold, das sich so leicht und weich anfühlt und zudem auf dem Salzwasser schwimmt, werden seit jeher magische Fähigkeiten nachgesagt. Jäger trugen Amulette aus Bernstein, Tierfiguren aus Bernstein wurden in Gräber gelegt, und auch heute werden Kleinkindern Halsketten aus Bernstein gegen die Schmerzen des Zahnens umgehängt.

Auch die Griechen kannten ihn und nannten ihn »Elektron« – den aus der Sonne entstandenen Stein. Die Ithaker wussten wohl, dass sie es mit keinem gewöhnlichen Stein zu tun hatten, wie die Sage von Phaeton, dem Sohn des Sonnengottes Helios, verrät: Als Phaeton, dem der Sonnenwagen seines Vaters entgleiste und damit großes Feuer entfachte, von Zeus mit dem Tod bestraft wird, verwandelte der Göttervater die weinende Mutter und die trauernden Schwestern in Pappeln, ihre Tränen in Bernstein. Heute wird alles Baumharz, das mindestens eine Million Jahre alt ist, als Bernstein bezeichnet. Der baltische Bernstein, den die antiken Kulturen kannten, stammt aus einem riesigen Koniferenwald, der sich über das gesamte Nordeuropa erstreckte. Über Millionen von Jahren produzierten die Bäume immer wieder kleine Tropfen von Harz, Tränen, die die Ewigkeit überdauerten.

Dank der Texte des Römers Plinius (23 bis 79 n. Chr.) wissen wir auch von einem Bernsteinmodeboom:

»Eine aus Bernstein erzeugte, noch so kleine Figur übersteigt die Preise lebendiger, kräftiger Menschen [Sklaven].«[108]

Auf phönizischen, römischen und etruskischen Handelsstraßen wurde bereits in der Antike das Gold des Nordens bis zum Mittelmeer und weiter hinein in den Orient befördert. Der Anziehungskraft dieses Un-Steins konnte keiner widerstehen. Homer setzte den Harztropfen ein literarisches Vermächtnis, indem er in seiner »Odyssee« ein Halsband aus Bernstein beschreibt: *»Es war golden, besetzt mit Elektron, der strahlenden Sonne vergleichbar.«*[109]

Ja, Bernstein war wirklich das Gold des Nordens.

Es sollte für edle Dinge verwendet werden wie zum Beispiel für Rosenkränze, die im Mittelalter zum Massenprodukt werden sollten.

Auffallend an den Paternostermachern der ersten Stunde ist, dass ihre Werkstätten weit entfernt von den Fundorten des Bernsteins lagen, nämlich in Lübeck und Brügge, und eben nicht in Königsberg oder Danzig, wo man sie vermutet hätte. Der Grund: Seit dem 13. Jahrhundert regierten die deutschen Ordensritter über das Samland, die Gegend um Königsberg, wo der meiste Bernstein auf die Strände gespült wurde. Um eine Zahl zu nennen: Nach einem Herbststurm im Jahre 1862 konnten die Bewohner von Palmnicken, unweit von Königsberg, zweitausend Kilogramm Bernstein aufsammeln. »Strandsegen« nannte man dieses Phänomen.

Die Ritter erklärten es zu ihrem Anliegen, den höchstmöglichen Gewinn aus diesem Schatz zu schlagen und seinen Handel zu kontrollieren. Als deutscher Ordensritter hatte man dazu das eine oder andere Druckmittel. Während zuvor die Bevölkerung frei am Strand das in aller bekannten Welt begehrte Gut auflesen durfte, musste man es jetzt an von den Ordensrittern gestellte Händler abgeben, die dafür lediglich in Salz bezahlten: ein schlechtes Tauschgeschäft. Als diese Maßnahme nicht griff, wurde es untersagt, sich ohne Erlaubnis an der Küste aufzuhalten oder gar mit Rohbernstein zu handeln. Jeder Küstenbewohner musste einen sogenannten »Bernsteineid« schwören, in dem er sich dazu verpflichtete, keinen Bernstein aufzulesen, zu besitzen oder gar zu verkaufen. In der Kirche wurde das sonntäglich von der Kanzel herab nochmals eindrücklich gepredigt. Ab Mitte des 16. Jahrhunderts – mittlerweile regierten die Preußen – säumten Galgen den Weg zum Strand, und 1693 wurde das erste Gefängnis für Bernsteindiebe errichtet.

Das Verbot hielt sich lange: Noch 1794 berichtet der Schriftsteller Ludwig von Baczko in seinem Buch »Nankes Wanderungen durch Preußen«:

»Ich hatte die Erlaubnis erhalten, längs dem Seestrande gehen zu dürfen.«[110]

Um der Bevölkerung erst gar nicht die Möglichkeit zu geben, illegal gefundenen Bernstein zu verkaufen, siedelte man die Bernsteindreherwerkstätten weit entfernt am anderen Ende der Ostsee oder gleich an der Nordsee an.

Dort, in Brügge und Lübeck, schufteten die Bernsteindreher im Akkord. In Lübeck wurde deshalb 1360 von der Stadt Nachtarbeit verboten. Die Arbeitszeit im Winter setzte man von sechs Uhr morgens bis acht Uhr abends fest, im Sommer auf fünf Uhr morgens bis acht Uhr abends; am Sonnabend jedoch sollte nur bis vier Uhr nachmittags gearbeitet werden.[111]

MARE
PRVSSIA
ACCVRATE DESCRIPTA
a Gaſparo Henneberg
Erlichenſi.
B
Ooſt See.
POMERELLIA.
COIAVIAE
ſiue
POLONIAE
MAIORIS
PARS.
Excud: Guiljelmus Janß: Cæſius.
MA

RVSNAE fluminis
ostiorum nomina.
SAMO
CARACTERVM HVIVS
Tabulæ Explicatio
CVM,
TIAE PARS.
CVRISCH NERVNG
CVRONENSIS LACVS
SCHALAV
NIA
NADRA
SAMLAND
VIA
Milliaria

Mit nur zwei Standorten und jeder Menge Christenvolk gab es viel zu tun. 1420 sollen in Brügge siebzig Meister mit insgesamt vierhundert Personen das Bernsteindrehergewerbe ausgeübt haben. In Lübeck lebten nicht ganz so viele von diesem Gewerbe, man geht von zirka vierzig Meistern mit jeweils zwei Gesellen im gleichen Zeitraum aus.

Den Rohbernstein bezogen die Bernsteindreherzünfte direkt vom Handelsmonopol der Ordensritter und später, seit 1524, von den preußischen Herzögen. Um Streit ob seiner Qualität auszuschließen, verteilten diese den Bernstein per Los an die einzelnen Betriebe. Rosenkränze, die aus anderen Materialien, etwa Holz, Knochen, Perlmutt oder Elfenbein, gefertigt waren, konnten zwar auch von den Bernsteindrehern hergestellt werden – allerdings bedienten kunstfertige Betriebe aus dem katholischen Süddeutschland diesen Markt ausreichend.

Zunächst musste der rohe Bernstein aufgrund seiner Qualität sortiert werden. Dann wurden daraus perlengroße Stücke geschnitten. Mittels eines von einer Kurbel betriebenen Schleifsteins wurde geschliffen und später poliert. Dabei war darauf zu achten, dass der Bernstein nicht zu heiß wurde: *»Weil der Bernstein bei der Bearbeitung, besonders beim Polieren, heiß wird und dadurch leicht springt, so arbeitet man, um dies zu verhüten, pausenweise, bis er wieder kalt wird«*[112], wie das Lehrbuch der Lithurgik Auskunft gibt. Dann wurden die Löcher in die Perlen gebohrt und die Bernsteinperlen aufgezogen.

»Die Gesellen wurden anscheinend nach Akkord bezahlt: Für tausend geschnittene Perlen wurden acht Pfennige lübsch [Lübecker Währung, d. Verf.] *bezahlt, für Tausend durchbohrte Perlenrohlinge vier Pfennige und für Tausend gedrehte gab es neun Pfennige.«*[113] Es gab viele Versionen von Paternosterketten, nachweisbar seit 1085, die mit einer unterschiedlichen Anzahl von Perlen bestückt waren. In Lübeck wurden vor allem die Fünfziger-Perlenketten hergestellt, andere hatten drei mal zehn Perlen. Auch wenn die Arbeit der Bernsteindreher eine monotone war, so verdienten die Lübecker

und Brüggener Zünfte gut an ihrem Gewerbe. Sie hatten Exklusivverträge mit Händlern, die ihnen jährlich eine bestimmte im Voraus ausgemachte Stückzahl abnahmen und die Ware in den Süden exportierten: nach Venedig, Nürnberg, Frankfurt und Köln. Den Raum um Lübeck belieferten die Bernsteindreher selbst. Als die den Bernsteinfundorten so nahen Danziger 1477 darauf bestanden, eine eigene Bernsteindreherzunft aufzubauen, reagierten die Lübecker und Brüggener mit Protesten und setzten alles daran, es ihnen zu verbieten. Doch zu spät! Zu diesem Zeitpunkt gehörte Danzig seit elf Jahren nicht mehr zu Preußen; mit Fug und Recht beanspruchte die Stadt einen Teil dieses lukrativen Geschäfts. Schnell stellte sich heraus, dass die Befürchtung der Lübecker und Brüggener berechtigt gewesen war: Danzig war eine Handelsmetropole mit prächtigen Standortfaktoren und dazu von internationaler Ausrichtung. Die Danziger Bernsteindreherzunft wuchs rasant, während die Zahl der Bernsteindreher in Lübeck stetig schrumpfte: Im 17. Jahrhundert arbeiteten dort nur noch zwei Meister.[114] Der Erfolg machte Schule, und Zünfte in Pommern und Königsberg folgten.

Solange die Bernsteindreher nur ihre Rosenkränze fertigten, war ihre Tätigkeit keine besonders anspruchsvolle:

»Im Allgemeinen bemerke ich nur, dass die gewöhnlichen Bernsteindreher eine nicht sehr vollkommene Kunst, mit einfachen mangelhaften Werkzeugen ausüben; dass aber jeder Kunstdrechsler und Bildschnitzer, der mit Feile, Meißel und Grabstichel geschickt umzugehen versteht, jedes Kunstwerk, das er aus anderen feinen Materialien, als Elfenbein, Perlmutter u.s.w. anzufertigen vermag, ebenso vollkommen aus Bernstein darstellen kann.«[115] Die Bernsteindreher besaßen ein Monopol auf etwas, das offensichtlich nicht besonders schwierig zu erlernen war. Desto akribischer achteten sie darauf, dass das Wissen um ihr Handwerk ihren eigenen Kreis nicht verließ. Die Bernsteindreherzünfte sprachen sich bereits im 15. Jahrhundert gegen die Walz aus, weil sie verhindern wollten, dass ihre Gesellen das Know-how in andere Regionen trugen. Der Streit gegen die Bönhaserei, also die unbefugte Arbeit solcher, die nicht der Zunft angehörten, war ähnlich engstirnig.

»Es zeigt sich auch die Entartung des Zunftwesens besonders in den immer erbitterter werdenden Kämpfen gegen die Bönhasen. So sind die Beschwerden, welche deswegen von der Zunft zu Danzig an den Staat gelangen, äußerst zahlreich, und der krasse Egoismus, welcher sich in diesen Beschwerdeschriften dokumentiert, lässt uns die Institution des Zunftzwanges in nicht sehr rosigem Lichte erscheinen.«[116]

Die Bernsteindreher, die sich auf die Paternoster versteift hatten, ereilte ein jähes Ende, als Martin Luther auf die Weltbühne trat und danach Rosenkränze nur noch von den katholischen Gläubigen benutzt wurden. Die reformierten, preußischen Städte des Samlandes ereilte das reformierte Schicksal auch darum, weil die eingeschworenen Katholiken ihre Bernsteinrosenkränze nun nicht mehr von den religiös Abtrünnigen bezogen, sondern aus anderen Gebieten, die eben katholisch waren. Der erste preußische Herzog, Albrecht I. von Brandenburg-Ansbach, der 1524 die Reformation eingeführt und das Ordensland in ein weltliches Herzogtum umgewandelt hatte, ließ sich davon nicht beirren und begann auch profane Gebrauchs- und Luxusgüter bei den Bernsteindrehern zu bestellen: Kompasse, Pulverflaschen, Würfel, Schmuck, kleine Kästchen. Diese wurden gerne als diplomatische Geschenke eingesetzt und finden sich noch heute in den Kunstkammern von Sankt Petersburg bis Bologna. Den Höhepunkt dieser diplomatischen Aufmerksamkeiten aus Bernstein bildete wahrscheinlich das Bernsteinzimmer, mit dem der preußische König Friedrich Wilhelm 1716 den russischen Zaren beglückte.

Heute gibt es in Deutschland nur noch einen Bernsteindreher: an der Ostseeküste auf dem Darß.

ILLUSTRATION: *In der Werkstatt eines* ***Paternostermachers*** *oder Bernsteindrehers, in der rohe Bernsteine zu Paternosterperlen verarbeitet werden. Die typischen Werkzeuge wie die Bogenbank sind deutlich zu erkennen.*
Hintergrund: Karte von Caspar Henneberg, Elbing, 1576: »Mare balticum, Prussia«.

QUACKSALBER

ABER AUCH: BADER, KURPFUSCHER, STEINSCHNEIDER, ZAHNBRECHER, CHIRURG

Im besten Sinne reisender Arzt oder Apotheker, im schlechtesten Scharlatan und Kurpfuscher
ERKENNUNGSZEICHEN: *lautes Mundwerk, Wundertaten*
AKTIVE ZEIT: *14. bis 19. Jahrhundert, später übernahm der Versandhandel seine Aufgaben*

Auch wenn im Mittelalter dem Zahnweh eine durchaus positive Wirkung nachgesagt wurde – es schütze vor Gefräßigkeit und Geschwätzigkeit[117] –, war man doch froh, einen maroden Zahn gezogen zu bekommen. Was hätte man anderes tun sollen, als dem Ganzen moralisch etwas abzugewinnen? Manch so Geplagter musste Monate warten, bis ein Zahnbrecher in der Stadt weilte, der unter »Trara« und Paukenschlag den Haderer entfernte. Trara und Paukenschlag dienten vor allem dazu, das Gejammer zu übertönen.

Quacksalber gilt als Berufsbezeichnung für viele Tätigkeiten, die sich seit dem Mittelalter der menschlichen Gesundheit beziehungsweise der Beseitigung von Krankheiten widmeten. Den genauen Ursprung des Wortes kann man heute nicht mehr nachweisen. Es finden sich zwei Haupttheorien: Zum einen liegt die Vermutung nahe, Quacksalber komme von Quecksilber. Das giftige Metall war eine der wenigen Ingredienzen, die, wohldosiert eingenommen, gegen

Syphilis wirkten. Die Krankheit, auch Lustseuche, Franzosenkrankheit (bei den Franzosen die Italienerkrankheit) genannt, war zum ersten Mal 1494 auf einem französischen Schiff im Hafen von Genua aufgetreten und verbreitete sich rasend schnell über Europa. Der Quacksalber reiste ihr quasi hinterher und bot seine Medizin feil. Die andere etymologische Auslegung des Wortes verweist auf das italienische Wort *ciarlare* – schwätzen. So war der Quacksalber also ein Schwätzer, was auch zutrifft, denn, um auf den Marktplätzen seine Medizin oder sein Können anzubieten, musste er einiges an Überzeugungsarbeit leisten.

Wer glaubt, im Mittelalter habe es keine medizinische Versorgung gegeben, irrt. Auch damals war die Gesundheit das höchste Gut des Menschen und die Krankheit eine Geißel. Man lebte mit Parasiten wie Würmern und Läusen, litt erstaunlich oft an Blasen- oder Nierensteinen, hob sich Brüche, brach sich Knochen, hatte offene Wunden oder war melancholisch. Als Gutenberg den Buchdruck erfand, war das meistgedruckte Werk die Bibel. Sie förderte das Seelenheil. Kräuterbücher nahmen Platz zwei der Bestsellerliste ein und gaben Hilfestellung beim Erhalt des leiblichen Wohls.[118]

Ärzte waren dennoch nicht unbedingt die richtigen Ansprechpartner, wenn es um Genesung ging. Herman Boerhaave, selbst ein Arzt des 17. Jahrhunderts, sagte:

»Wenn man das Gute, welches ein halbes Dutzend wahrer Söhne des Äskulap seit der Entstehung der Kunst auf der Erde gestiftet haben, mit dem Übel vergleicht, welches die unermessliche Menge von Doktoren dieses Gewerbes unter dem Menschengeschlecht angerichtet hat, so wird man ohne Zweifel denken, dass es weit vorteilhafter wäre, wenn es nie Ärzte in der Welt gegeben hätte.«[119]

Ärzte heilten also mit den Mitteln, die ihnen blieben: Das waren vor allem Aderlass und Uroskopie, die Urinbeschau. Betrachtet man die Inneneinrichtung auf alten Gemälden, fällt auf, dass Urinflaschen zur Ausstattung eines jeden Haushalts gehörten. Ansonsten aber taugte der gemeine Doktor Medicus nicht viel. Griechisch wurde in den Universitäten kaum mehr gelehrt, und so konnte im ehemals Weströmischen Reich kaum jemand die medizinischen Schriften der Griechen lesen. Wohl aber die Gelehrten der arabischen Welt, was ihnen in den Naturwissenschaften einen Vorsprung sicherte. Wie wir spätestens seit der Publikation des »Medicus« wissen, dauerte es lange, bis das Abendland den Stand der morgenländischen Medizin erreichte.

Die europäischen »Medici« aber lasen Latein und litten an der Melancholie – ein gängiges Motiv auf zeitgenössischen Kupferstichen. Kein Wunder: Sechs Jahre dauerte ihre Ausbildung und war rein theoretisch. Sie sezierten Schweine und lernten, klug daherzureden. Wenn es aber darum ging, zu heilen, nahmen sie sich zurück. Noch Ende des 17. Jahrhunderts gehörte es zum hippokratischen Eid, den der angehende Mediziner nach seinem Examen schwor, *»sich vor allem des Steinschneidens, des Bruchschneidens usw. zu enthalten und dies denjenigen, die darin erfahren sind, zu überlassen«.*[120]

In einem solchen Weltbild waren die Praktiker, Empiriker oder Henker (siehe Kapitel Scharfrichter) die besseren Ärzte. Das Wort Chirurg heißt nichts anderes als Handwerker, und genau das war der Chirurg, ein Handwerker, der Knochenbrüche fixierte, Nieren- oder Blasensteine herausschnitt, einen Bruch behob oder den Star aus dem Auge entfernte. Oft waren es ganze Familiendynastien, wie die Norcias aus Italien, die über Jahrhunderte ihr Wissen weitergaben und vortreffliche Chirurgen waren. Indem sie herumreisten, konnten sie Patienten an verschiedenen Orten heilen. Auch der berühmt-berüchtigte »Doktor Eisenbarth« war ein Könner seines Faches, dem nachgesagt wird, seine Instrumente vor dem Eingriff über einer Flamme sterilisiert zu haben! Eisenbarth entwickelte sogar einen Polypenhaken zum Entfernen von Polypen in der Nase und einen Starstecher, um besser am Auge operieren zu können.

Doch nicht alle wandernden Chirurgen waren verantwortungsvoll; sie gehörten zum fahrenden Volk, das sich schnell etwas dazuverdienen musste und dann eiligst weiterzog. Ihnen blieben Eingriffe überlassen, die ortsansässige Chirurgen als zu heikel empfanden. Dass sie mitunter so gar kein Gewissen hatten, beweist die

Asthma-Zigaretten
feinste Qualität
Die Zigarette wird
und der Rauch
Weingeist
med. Zwecke

Schwefelsäure.
Gift.

Geschichte des an Fettleibigkeit leidenden Grafen Dedo II., dem ein quacksalbernder Chirurg kurzerhand den Bauch aufschnitt, das Fett entfernte, kassierte und schnell weiterzog. Der Graf überlebte nicht.

Manchmal taten die Wunderärzte auch nur, was von ihnen verlangt wurde. Wenn jemand zum Beispiel an Kopfweh litt, so schnitten sie ihm einen dicken Stein aus dem Hals – denn, wenn es Nierensteine gibt, dann doch bestimmt auch Kopfsteine. Im Halbdunkel ausgeübt, den einen oder anderen Kunstgriff angewendet, funktionierte diese placeboartige Anwendung mitunter ausgesprochen gut.

Quacksalber waren aber auch wandernde Apotheker, die bestimmte Mittelchen vertrieben. Es leuchtet ja noch ein, wenn die sogenannten Krummholzmänner ein terpentinhaltiges Gebräu aus den Fichten der Karpaten verkauften und dies als entzündungshemmend anboten. Doch verstiegen sich die Quacksalber über die Jahrhunderte in immer absurdere Mischungen und mussten dementsprechend für sich werben. Sie traten auf den Marktplätzen Europas auf und lieferten unterhaltsame Shows. Natürlich hängte man die Nierensteine seiner Karriere an Schnüren auf oder präsentierte ansehnliche Sammlungen von gezogenen Zähnen – waren dies doch alles Beweise ihres Könnens. Aber es gab noch klügere Methoden. Der englische Quacksalber Dr. Williams zum Beispiel sprach auf seinen Vorführungen stets in Reimen und Alliterationen: Die *Pink Pills for Pale People* waren ein wahrer Renner für blasse Menschen. Dr. Eisenbarth soll mit einhundertzwanzig Mann umhergezogen sein. Dabei diente die Unterhaltung nicht nur dem Anlocken der Massen, sondern lenkte auch die zu behandelnden Kranken von ihren Schmerzen ab oder übertönte deren Wehrufe.

Andere Quacksalber brauchten Possenreißer und schöne Damen, um ihre Show richtig zu timen: Eines der meistbeworbenen Mittelchen des Mittelalters und der Neuzeit war der Theriak, der angeblich Vergiftungen aller Art entgegenwirkte, aber auch jede Menge Opium enthielt und dadurch schnelle Symptome der Genesung vortäuschte. Um die Wirkung des Wundermittels Theriak zu beweisen, vergiftete sich der Quacksalber selbst auf der Bühne, indem er sich entweder von einer Schlange beißen ließ oder Gift trank – natürlich nicht auf leeren Magen! Er war nicht dumm und wusste genau, was er tat. Ob er sich vorher den Rachen mit Fett einpinselte oder Butter schluckte, das Timing war das A und O seines Erfolgs – und seines Überlebens. In der Berliner »Vossischen Zeitung« von 1786 steht die Anekdote des berühmten Quacksalbers Cagliostro, der europaweit erfolgreich tätig war:

»Paris, den 21. Juli. Noch eine Anekdote von Cagliostro. Er befand sich einst in einem großen Reiche und sagte, der erste Arzt des Landes sei ein Scharlatan. Dieser forderte deshalb seinen Verleumder auf den Degen. ›Auf diese Art schlagen sich die Ärzte nicht‹ [sagte Cagliostro]. ›Ich will Ihnen eine Pille geben. Nehmen Sie sie ein und suchen Sie sich gegen die schlimmen Folgen dieser Pille in Sicherheit zu setzen. Ich will einnehmen, was Sie mir geben wollen, und werde den Folgen vorzubeugen suchen. Derjenige, welcher am Leben bleibt, wird der Überwinder des anderen sein.‹ Der Arzt wollte den Versuch nicht wagen. Aber Cagliostro hatte doch wirklich die Manier gezeigt, wie Ärzte untereinander duellieren sollen.« [121]

Oft half ein Mittelchen gegen alle erdenklichen Krankheiten, wie eine Annonce im »Hamburgischen Correspondenten« von 1768 wirbt:

»Die schottischen Pillen, welche das Haupt und die Sinne stärken, vertreiben den Schwindel und migränische Hauptschmerzen, reinigen die Galle, verhindern die Neigung zur Melancholie, öffnen die Verstopfung, befördern den Auswurf und vertreiben alle überflüssigen Feuchtigkeiten des Leibes; sie sind vortrefflich für alle zukommende Unpässlichkeiten des schönen Geschlechts, und töten die Würmer. Reisende, besonders Schiffsleute, bedienen sich derselben mit Vorzug; sie können zu allen Zeiten gebraucht werden, man sei jung oder alt, bei Tage oder bei Nacht, ohne sich mit Diäten zu enthalten. Sie haben das besondere, dass sie dem Podagra vorkommen, oder dasselbe mindern, wenn man schon damit behaftet ist, wie auch anderen Krankheiten. Die Schachtel kostet 1 Mark fl [Mark

Florentiner, d. Verf.]. *Bei Petit in Hamburg, in dessen Laden bei der Börse.*«[122]

Ein Mittel also, das in keiner Hausapotheke fehlen sollte. Andere Quacksalber, wie ein gewisser Dr. Tufts, gaben sich als altruistische Menschenkenner aus, erfanden Krankheiten und lieferten gleich das nötige Mittel dazu – eine bewährte Methode, derer sich die Pharmaindustrie noch heute bedient.

Erstaunlich oft stößt man beim Lesen alter Dokumente auf die Melancholie, ein Wort, das sich aus dem Griechischen von *melancholia* – schwarze Galle – ableitet und auch damals ein Gefühl bezeichnete, das sich durch Schwermut und Antriebslosigkeit bemerkbar machte. Schon Hippokrates meinte, dass dieser Gemütszustand durch einen Überschuss an schwarzer Galle, der sich ins Blut absonderte, hervorgerufen werde. Während Mönchen, die oft davon befallen wurden, angeraten war, fleißig zu beten, verordnete man im 14. Jahrhundert Witwen und anderen Unglücklichen Badekuren in Orten wie dem Schwarzwälder Wildbad. Hier frönte man, munter, ausgelassen und auf gar keinen Fall sittlich, der Gesundheit, und wenn man genas, war das auf den gesunden Säfte-Austausch im menschlichen Körper zurückzuführen. Mit dem Aufkommen der Syphilis aber war diese Art der Therapie vorbei.

Als im 19. Jahrhundert der Zusammenhang von Magnetismus und Elektrizität entdeckt wurde, wandte man darauf basierende Methoden auch für die Aufhellung des Gemüts an. Die ersten Vibratoren waren medizinische Instrumente von Ärzten, die nichts anderes taten, als verstimmten Damen untenrum zu helfen. Und wenn ein im Magnetismus kundiger Quacksalber von sich behauptet, er habe die Sonne mit seinem Magneten angefixt und seither leuchte sie besser, so gab es kaum etwas, was man darauf erwidern konnte. Interessant in diesem Zusammenhang ist das himmlische Bett des Dr. Grahams aus London, das Paaren »Kinder von vollendeter Schönheit« bescheren sollte. Das himmlische Bett beweist allenfalls die hohe Menschenkenntnis der Quacksalber, die schlechten Ärzten so offensichtlich fehlt. In seinem in einem angeblichen Magnetstrom ausgerichteten Bett konnten sich Paare ohne schlechtes Gewissen lieben. Dass dieses Bett orientalisch anmutete, der Duft von Weihrauch die Sinne betörte, aphrodisische Speisen gereicht wurden, waren nur unwichtige Begleiterscheinungen.

Durch die Reform im Medizinstudium, die endlich Praxis und Theorie verband, und durch die exzellente Ausbildung der Apotheker wurde den Quacksalbern ihr Handlungsspielraum genommen. Hier und da treten sie noch immer auf, mittlerweile im Versandhandel, der vor allem im Internet neue Verbreitung findet.

Quacksalber, so heißt es, sind ausgestorben. Ist das so?

ILLUSTRATION: ***Quacksalber*** *inmitten einer Menschenmenge, der er seine chirurgischen Dienste anbietet. Unter dem Schirm die üblichen Mittel und Zeugnisse seiner Kunst und seines Wissens.*
Hintergrund: alte Medizinetiketten mit den Aufschriften:
Asthma-Zigaretten feinste Qualität, die Zigarette wird angezündet und der Rauch kräftig eingeatmet. Reiner Weingeist für medizinische Zwecke, Zimttropfen, Abführende Wurmschokolade, gut wirkendes Wurmmittel von angenehmem Geschmack, 3 mal täglich einen Riegel der Tafel zu nehmen, Sommersprossenkur, vorzügliches Mittel zur Entfernung von Sommersprossen, Leberflecken, Hautunreinheiten usw., Ameisengeist, Nerven – Pastillen, Brom-Baldrian, Castoreum-Tabletten, Giftweizen, Strychnin-Getreide, Gift!, Abführende Blutreinigungspillen, Choleratropfen, Bohrwasser, Malaga, Jod-Lecithin-Pillen, hervorragend bewährt bei geistig und körperlich überanstrengten, sowie zu Schlagfluß neigenden Personen, Weinige Rhabarbertinktur, Opodeldoc, Zahnpulver, Senfspiritus.

ROHRPOSTBEAMTIN

Überwachte den Rohrpostverkehr
ERKENNUNGSZEICHEN: *saubere Kleidung*
AKTIVE ZEIT: *1863 mit der Einführung der Rohrpost, zuerst in England, bis zum Versand der letzten Rohrpost in Paris 1984 (firmeninterne Rohrpostanlagen sind noch heute in Betrieb)*

Time Magazin«, 30. April 1984: »*Adieu to the pneu – schlechte Kunde kam neulich aus Paris: Sie haben dort die carte pneumatique abgeschafft, üblicherweise bekannt geworden als ›pneu‹; eine Einrichtung, die zurückreicht bis in die Tage des Kaiserreichs Napoleon III. Denjenigen, die nicht ihre Jugendzeit in Paris verlebt haben und daher nichts über den ›pneu‹ wissen können, sei gesagt, dass es sich dabei um einen auf graublauem Papier gedruckten Brief handelt, der durch ein 269-Meilen-Netz pneumatischer Röhren geschickt und durch einen Postboten auf einem Fahrrad zugestellt wurde. Der pneu war schneller als ein gewöhnlicher Brief (er brauchte nur 2 Stunden) und billiger als ein Telegramm (1,80 US-Dollar), das ideale Mittel also, um auf dem rive gauche, dem linken Flussufer der Seine, wo es nur wenige Hotelzimmer mit Telefonanschluss gab, Feste des Informationsaustauschs zu feiern. Durch den pneu erfuhr man, wer einen neuen Job gefunden hatte, wo eine Beziehungskrise durchgestanden war, eine Verabredung getroffen oder auch abgesagt wurde. ›Kann heute nicht zum Abendessen kommen. Wie wär's mit Mittwoch?‹ So was in der Art.*«[123]

Knapp über hundert Jahre lang sausten Rohrpostbriefe durch den Untergrund von Paris, London, Berlin, New York, Rio de Janeiro und vielen anderen Metropolen der Welt. Die erste »Pneumatic Mail Dispatch Order« wurde 1863 in London durchs Rohr geschossen, die letzte ploppte 1984 in Paris aus dem Netz. Die Rohrpost als flächendeckendes Kommunikationsmedium etablierte sich in einer Welt, in der noch Kaiser und Könige Europa regierten, Jules Verne über einen Ausflug zum Mond schrieb und die industrielle Revolution nicht mehr wegzudenken war. Maschinen produzierten Ware, und weil Maschinen nicht mit Herzschlag, sondern mit Walzen und Winden arbeiten, musste auch das Leben derer, die sie bedienten und deren Produkte verkauften, genauer getaktet sein. Es war die Zeit vor den Ampeln; die Straßen waren von Pferdefuhrwerken verstopft, Fahrräder waren noch keine Alternative. Nichtsdestotrotz mussten Nachrichten rascher übermittelt werden. Es gab zwar schon die Möglichkeit des Telegrafierens, doch auch Telegramme mussten von den Telegrafenämtern durch den dicken Verkehr zugestellt werden. So entstand die Idee, die verschiedenen Postämter unterirdisch mit Rohren zu verbinden, durch die man kleine, mit Nachrichten gefüllte Büchsen mittels Druckluft schleusen konnte. Es kommt nicht von ungefähr, dass Berlins erste Rohrpostleitung die Börse am Hackeschen Markt mit dem Haupttelegrafenamt in der Französischen Straße verband. Geld schafft neue Wege. Andere Strecken folgten, in seiner besten Zeit umfassten alle Berliner Strecken eine Länge von über vierhundertfünfzig Kilometern. In einem als Radialsystem ausgelegten Netz liefen alle Etappen zum Haupttelegrafenamt, von wo die Büchsen innerhalb kürzester Zeit weitergeschickt wurden. 1886, zum zehnjährigen Jubiläum der freigeschalteten Rohrpost, schrieb das Reichspostamt:

»In diesem Zeitraum hat sich das für den großstädtischen Verkehr inzwischen unentbehrlich gewordene Verkehrsmittel in kaum vorauszusehender Weise einer immer lebhafteren Benutzung seitens des Publikums zu erfreuen gehabt.«[124]

Über eine Millionen Sendungen wurden in diesem Jahr durch

Rohrpost übermittelt. 1938 waren es weit über sieben Millionen Karten, Telegramme, Briefe und kleine Pakete, die Berlins mehr als neunzig Rohrpostämter durchliefen. Angestrebtes Ziel war, dass jede Nachricht innerhalb von einer Stunde beim Empfänger landen sollte, und es funktionierte, wie wir aus dem Bericht des amerikanischen Diplomaten Arthur O'Shaughnessy von 1908 an das amerikanische Postministerium entnehmen können:

»Die längste Fahrt zwischen zwei einzelnen Ämtern geht über drei Kilometer; offiziell braucht man zum Überwinden dieser Distanz vier Minuten neunzehn Sekunden. … Eine der längsten Entfernungen, über die ein Brief der Rohrpost befördert werden kann, ist die Linie zwischen dem Haupttelegrafenamt und einem Amt in Charlottenburg, eine Distanz von neun Kilometern. Während dieser Fahrt muss der Brief an sechs Zwischenämtern die Fahrröhre wechseln. Die offizielle Fahrtzeit für diese Entfernung, die benötigten Wechselpausen nicht mit einbezogen, beträgt neun Minuten. … Mehrfach erhielt ich innerhalb von anderthalb Stunden eine Antwort.«[125]

Die amerikanische Untersuchungskommission in Amerika befand dann auch:

»Der Rohrpostdienst ist ein sehr wichtiges Hilfsmittel für die rasche Beförderung der Briefschaften in den Groß-Städten; er vollbringt eine Arbeitsleistung, welche in gleichem Maße mit anderen Transportsystemen nicht erreicht werden kann.«[126]

Wie selbstverständlich die Rohrpost im Gebrauch war, lässt sich an den Lebenserinnerungen einer damals jungen Frau aus dem Lebensraum München erkennen:

»Jedes Mal, wenn ich morgens schon Streit mit Mama hatte und dann um 7 Uhr zum Bahnhof Fasanerie-Nord eilte, um den Zug nach München zu erwischen, sah ich die beiden Zurückgelassenen, Mama und Großmama, traurig und unglücklich vor mir. Das hielt ich nicht aus; kaum am Hauptbahnhof angelangt, stürzte ich in ein Süßwarengeschäft, kaufte dort eine Kleinigkeit und schickte das per Rohrpost nach Hause, was etwa zwei Stunden dauerte. Erst, wenn ich das erledigt hatte, konnte ich mich aufatmend meiner Arbeit in der Barerstraße widmen.«[127]

Rohrpost
Stettiner Bhf.
N
NW
M
M
M
rief
An
Deutsche R
hrpost
Rommin

Uebersichts-Karte
über die projectirte Verbindung der Postanstalten Berlins durch pneumatische Eisenbahnen.
Brief
Deutsche Reichspost.
Rohrpost-Karte.
Rohrpost und Eilbote

Von Kafka sind Rohrpostbriefwechsel aus Prag bekannt. Die Schnelligkeit des Mediums erlaubte andere Sprachmöglichkeiten. Briefe mussten nicht mehr lange ausformuliert werden, eine dahingekritzelte Botschaft, wie »Komme morgen zum Kaffeetrinken vorbei«, reichte aus. Auch das Liebesleben veränderte sich durch die technologische Innovation, wie aus einem Straßenlied der Zeit erkenntlich ist:

»Weil die Liebste in der Ferne,
Und Du möchtest doch so gerne,
Dass sie in der Nähe sei.
Schreib ihr eine Rohrpostkarte,
Dass sie komme, dass sie warte,
Stephan pustet sie herbei.«

Stephan war der damalige Generalpostmeister.

Die Alltäglichkeit dieser demokratisierenden Technologie war auch darauf zurückzuführen, dass Rohrpostbriefe nicht viel teurer waren als normale Zustellungen. Es wurde ein Aufpreis von lediglich fünfzehn Pfennig dazugerechnet. Der Hochadel durfte das Medium umsonst benutzen: Noch waren viele Vertreter dieser Kaste in der Politik tätig, und ihre Nachrichten hatten immer Brisanz.

Während in Deutschland die Büchsen der Rohrpost in Kapseln von sechseinhalb Zentimetern Durchmesser verpackt wurden, die in kleinen Zügen von bis zu zehn Kapseln unterwegs waren, benutzte man anfangs in England richtige Wagen, in die sich sogar wagemutige Menschen setzen konnten. Erich Kästner spricht in seinem Kinderbuchklassiker »Emil und die Detektive« dieses Phänomen an:

»Kennst du Berlin schon?«

»Nein.«

»Dann wirst du aber staunen! In Berlin gibt es neuerdings Häuser, die sind hundert Stockwerke hoch, und die Dächer hat man am Himmel festbinden müssen, damit sie nicht fortwehen … und wenn es jemand besonders eilig hat, und er will in ein anderes Stadtviertel, so packt man ihn auf dem Postamt rasch in eine Kiste, steckt die in eine

Röhre und schießt sie, wie einen Rohrpostbrief, zu dem Postamt, das in dem Viertel liegt, wo der Betreffende hin möchte.«[128]

Bis zum Beginn des Ersten Weltkriegs war die Arbeit in den Telegrafen- und Rohrpostämtern eine strikt männliche Angelegenheit. Die einzige Ausnahme bildete die Vermittlung von Telefongesprächen, bei der seit 1890 auch weibliche Personen zwischen achtzehn und dreißig Jahren eingestellt werden durften. Es war nicht zu überhören, dass ein weiblich gehauchtes »Ich verbinde« so viel angenehmer war als dieselben Worte im männlich-preußischen Befehlston. Doch spätestens seit dem Ausbruch des Krieges wurden verstärkt Frauen an die Rohrpostschalter gestellt.

»Die weibliche Amtstracht bestand zu dieser Zeit aus einem langen dunklen Rock, engansitzender, hochgeschlossener dunkelblauer Bluse aus derbem Stoff mit langen Ärmeln und goldglänzenden Metallknöpfen. Den Rock verdeckte fast ganz eine große schwarze Schürze aus Alpakastoff. Außerdem war es Pflicht, vor dem Betreten der Arbeitsräume die Straßenschuhe mit sogenannten ›Amtslatschen‹ auszuwechseln. Man achtete genau auf Einhaltung dieser Vorschriften.«[129]

Später, in den vierziger Jahren, gehörten die Frauen im Kommunikationsbereich zu den schicksten Vertreterinnen ihres Geschlechts. Sie waren selbstbewusst und liebten ihre Verantwortung. Allgemein wird angenommen, dass der Einsatz von Frauen im Kommunikationsbereich zur weiblichen Emanzipation beigetragen hat. Es gab plötzlich einen Grund, Fremdsprachen zu erlernen: Nicht nur nette Kommunikation war das Ziel, sondern auch fachliche Kompetenz. Frauen waren nicht mehr darauf angewiesen zu heiraten, um zu überleben. Und es war ein sauberer Beruf, der nicht den Körper ruinierte.

Auch wenn Frauen bedeutend weniger verdienten als ihre männlichen Kollegen, hieß es, genauso mit anzupacken. Die Beamtinnen mussten zunächst eine praktische und theoretische Prüfung ablegen. Dazu zählte natürlich die Kenntnis der Bestimmungen des Rohrpostdienstes, was, da es ein Amt war, ausartete in das Wissen um verschiedene Stempel und Aufkleber. Es gab die gewöhnlichen

Rohrpostbriefe, aber auch solche, die nur in Berlin per Rohr befördert wurden, dann aber vom Postamt direkt an den Bahnhof geschleust wurden und weiter mit der Reichsbahn. Seit 1925 bestand auch eine Leitung, die direkt zum Flughafen Tempelhof führte, von wo die Briefe mit Luftpost in alle Welt verschickt wurden. Es gab Rohrpost mit Eilboten und solche ohne Eilboten. Es gab Ämter, in denen alle zehn Minuten ein neuer Stempel auf den Brief gedruckt wurde, andere waren schneller, und dort wurde bereits alle fünf Minuten getaktet.

Die Beamtinnen mussten im Störungsfall wissen, was zu tun war, und auch dieses wieder akribisch abstempeln: War ein Brief beschmutzt, wurde markiert, in welcher Leitung dies geschehen war. Es gab sogar ein händisch auszufüllendes Feld, in dem für einen solchen Fall Zeugen eingetragen wurden. Fehlgebühren mussten errechnet und bei falsch zugestellten Briefen die Empfänger ermittelt werden. Wichtig war auch die Kenntnis der Zugabfahrtspläne: Wann fuhr welche Bahn von welchem Bahnhof in welche Stadt ab? War es besser, einen »In-Berlin-mit-Rohrpost«-Brief, der nach München adressiert war, an den Zug nach Leipzig zu verschicken, oder sollte man warten, bis der Zug nach München ging? Ganz davon abgesehen, mussten die Frauen ein gutes Händchen für die Schalter des Rohrpostapparats haben, der einiges an Fingerspitzengefühl voraussetzte. Und steckte doch mal ein Rohrpostzug fest, mussten umgehend die Ingenieure alarmiert und bis zur Aufhebung des Störfalls Eilboten für diese Strecke eingesetzt werden.

Was in die Rohrpost gesteckt wurde, kam aber so gut wie stets unbeschadet raus, die Verlustrate war fast null. Aus diesem Grund wurde die Rohrpost oft zum Verschicken geheimer Dokumente oder von Geld verwendet. Gerade in Westberlin, nach Ende des Zweiten Weltkriegs, wurden die Postschecks mittels Rohrpost befördert. Aber auch andere Dinge, wie sich eine ehemalige Rohrpostbeamtin erinnert:

»Nicht nur Telegramme und Interna flogen mit ›Windgeschwindigkeit‹ durch die Röhren, auch mal eine kleine Aufmerksamkeit, für nette Kollegen am anderen Ende. Die vergessene Stulle, natürlich

›hülsengerecht‹ zerlegt, soll auch schon mal dabeigewesen sein, das durfte nur keiner wissen. Für eine wenig beliebte Kollegin schickte ein Scherzbold eine lebende Maus in der Hülse.«[130]

Getaktet wurden nicht nur die Intervalle der Rohrpostzüge, sondern auch die Pausen. Ein männlicher Beamter berichtet:

»Die Pause war übrigens ein Kapitel für sich. 25 Minuten durfte sie dauern, nicht eine Sekunde länger. Wer seinen Arbeitsplatz verlassen wollte, der musste sich mit Namen und Zeit in dafür ausgelegte Bücher eintragen. Austretbücher hießen sie amtlich, der Volksmund nannte sie etwas anders! Da gab es kein Mogeln, denn die Belange der Gehenden und der Kommenden waren ja entgegengesetzter Natur. Häufig stand der Aufsichter daneben und überwachte die Eintragungen, schrieb sogar die Amtszeit auf die nächste Zeile und machte es so Zuspätkommenden unmöglich, die Zeit der Eintragung ein wenig zu eigenen Gunsten zu fälschen. Die Kantine befand sich damals im Kellergeschoss, war nur klein, dafür aber umso mehr verräuchert. Viele zogen es deshalb vor, ihren ›Halben‹ in der nicht weit entfernten Garderobe zu trinken, obgleich das streng untersagt war.«[131]

Warum sich ab der zweiten Hälfte des 20. Jahrhunderts die Städte mit Rohrpost nach und nach dafür entschieden, ihre Systeme zu kappen, hängt mit der Entwicklung der elektronischen Medien zusammen. Rohrpostsysteme gibt es nur noch hausintern, in Warenhäusern, Krankenhäusern oder Verlagen, wo noch Originaldokumente hin und her geschickt werden müssen. Als man 1965 in Wien den letzten Rohrpostbrief ins System fütterte, schmückten die Beamten ihre Apparate mit Reisig und rot-weißen Fähnchen. In einem Interview verrät ein Ingenieur moderner Rohrpostanlagen:

»Wer einmal im Leben die Krümmung einer Rohrpoströhre angefasst hat, kommt davon nie mehr los.«[132]

Fänden sich nicht in Kellern, wie dem des Haupttelegrafenpostamts in der Berliner Oranienburger Straße, seltsam anmutende Röhren, die in einer perfekten Kurve im Boden verschwinden, man würde nie glauben, dass es so etwas wie die Rohrpost tatsächlich einmal gegeben hat.

ILLUSTRATION: *Geschäftiger Betrieb bei den* ***Rohrpostbeamtinnen*** *des Haupttelegrafenamts in Berlin oder anderen Metropolen zu Beginn des 20. Jahrhunderts.*
Hintergrund: Planung für die Berliner Rohrpost 1873, original Rohrpost-Briefumschläge.

ROSSTÄUSCHER

Pferdeverkäufer, der keine Mittel scheute, das Tier besser darzustellen, als es war, beziehungsweise es gegebenenfalls ärmlicher aussehen zu lassen
ERKENNUNGSZEICHEN: *Redegewandtheit*
AKTIVE ZEIT: *bis zum Beginn des 20. Jahrhunderts*

»Die geheimen Künste der Rosstäuscher« lautet der Titel eines Buches von 1822, das die »Enthüllten Geheimnisse aller Handelsvortheile und Pferde-Verschönerungskünste der Pferdehändler« offenlegt. Es wurde von einem der bekanntesten Pferdehändler Deutschlands, einem gewissen Abraham Mortgens aus Dessau, zusammengetragen und später, nach seinem Tod, von einem »S. v. Tecker, Königl. Sächs. Major der Cavallerie, Commandant des Train Bataillons, Stallmeister und Oberpferdearzt, des K. Sächs. Civil Verdienstordens Ritter und Mitglied mehrerer gelehrten Gesellschaften«, niedergeschrieben. Eindrucksvoll, dieser von Tecker. Das über hundert Seiten starke Buch hält, was sein Titel verspricht, und ist oft so aktuell, dass man sich als Leser verwundert fragt, ob sich denn gar nichts in dieser Welt verändert hat, außer dass man heute eher Autos als Pferde kauft. Denn viele der Tricks, die damals beim Rosstäuschen angewendet wurden, kennt man heute vom Autohandel. PS waren schon immer wichtig, wenn es um Eitelkeiten ging.

Verraten wird, mit welchen Mitteln die Pferde äußerlich hergerichtet oder getunt wurden, um stattlicher auszusehen, wie die Ware Pferd zu präsentieren sei und wie man psychologisch den

Käufer beeinflussen kann. Ein moderner Autohändler könnte seine Verkaufsstrategien nicht klarer definieren als Tecker in diesem fast zweihundert Jahre alten Ratgeber.

Der Begriff des Rosstäuschers taucht in der deutschen Literatur immer wieder negativ auf. So stellen die Verfasser des Rosstäuscherbuchs erst einmal fest, dass das Wort »Täuscher« ein belastetes Wort sei. Der Rosstäuscher setze doch lediglich gewisse Handelsvorteile ein, um seine Ware an den Mann zu bringen.

»Da seht den Händler N.N., der hat den Herrn N.N. doch ganz ordentlich betrogen und mit einem Pferde angeführt, das nicht die Hälfte des Kaufpreises wert ist. Allein ich frage, welcher hat denn eigentlich betrogen, der Käufer sich selbst, dass er sich Kenntnis und Erfahrung genug in einem Geschäfte, dem Pferdehandel, zutraute, das er gar nicht kennt und versteht; oder der Händler, der nichts tat, als dass er zufällig dem Käufer mitten in einem Geräusche, etc. seine Pferde zeigte, und diese äußeren, oft gar nicht ein Mal von ihm abhängigen Dinge, bloß nur zu seinem Vorteil zu benutzen verstand.«[133]

Die »Vorteile«, die sich der Rosstäuscher einfallen ließ, sind nicht so harmlos, wie hier getan wird. Rein optisch gab es einigen Gestaltungsspielraum. Bei alten Pferden wurden die Zähne kurz geschliffen oder gezogen, bei anderen Pferden wurde das Fett über den Augen herausgetrennt, das Fell wurde eingefärbt. Gerne wurde der Schweif englisiert, das heißt, der Muskel, der den Schweif nach unten hält, wurde durchtrennt, damit er nach Mode der englischen Vollblüter abstand. Die Mähne wurde gerupft, die Ohren ausgeschert – für ein besseres Hören und Horchen der Pferde –, die Hufeisen wurden abgerissen – für einen leichteren Gang (in diesem Fall musste darauf geachtet werden, dass beim Verkaufsgespräch das Pferd auf Sand vorritt, da harter Boden den so gewonnenen Gang wieder gefährden würde) –, und ganz wichtig: Das Pferd wurde gepfeffert.

»Der Pfeffer ist der wahre Geist des Pferdehandels; er macht aus alten junge, aus trägen feurige, aus dummen gescheite, aus widerspenstigen folgsame, aus unbeweglichen bewegliche, aus plumpen leichte Pferde und ändert selbst die Form, die Taille, die Bewegung, mit einem Wort, das ganze Wesen des Pferdes auf eine beinahe unbe-

greifliche und auffallende Weise ab… Daher muss denn jedes Pferd, bevor es den Stall des Händlers verlässt, mit einigen Pfefferkörnern, oder, noch besser, Pfefferpillen, versehen sein, die ihm der Koppelknecht, nach Taschenspielerweise, verborgen in den After bringt, womit gleichsam seine Toilette, seine Appretur vollendet wird.«[134]

Kurz: Ein Rosstäuscher konnte ein Pferd so herrichten, dass sein vorheriger Besitzer es nicht wiedererkannte. Das Aussehen des Pferdes zu verändern, so die Verfasser der Rosstäuscher-Bibel, sei mit den Kunstgriffen älterer Fräulein zu vergleichen, die sich einen Mann angeln wollen. Und bei denen würde ja auch keiner schreien, sie hätten durch ihr verjüngtes Aussehen betrogen.

Falls übrigens gestohlene Pferde im Stall waren und die Gefahr bestand, dass eine Polizeikommission diese suche, hatte der Rosstäuscher die Aufgabe, edle Reittiere in billige Gäule zu verwandeln: Er verfilzte das Fell, schlug einen Nagel in die Hufe und besann sich auf allerlei andere Tricks.

Wichtig beim Rosstäuschen war auch die Präsentation der Pferde. Am besten mache es sich, wenn man sie vor einer weißen Mauer aufstellte, denn davor sähen Pferde einfach edler aus. Die schönen Pferde sollten weiter vorne platziert werden, die weniger schönen weiter hinten. Im Stall, so wird geraten, dürfe nicht an Licht gespart werden. Und letztendlich war es ratsam, schlechte Pferde einfach unter einer Decke zu verstecken, da diese Maßnahme die Neugierde der Käufer mehr anstachelte und sie darunter besonders edle Stücke vermuteten.

Ein Rosstäuscher musste aber auch *»Menschenkenntnis, Lebensumgang und kluges Benehmen im Allgemeinen«*[135] mit sich bringen. Der Grund dafür: *»Der Mensch bleibt sich von der Jugend bis zum Greisenalter überall gleich und zeigt bei der Auswahl eines Pferdes oft ebenso vielen Eigensinn und Vorurteil als bei der Wahl eines Spiels und einer Frau.«*[136]

So war es also wichtig, beim Verkaufsgespräch herauszufinden, welche Art von Pferd der Käufer suchte, und dann dem Vorreiter geheime Zeichen zu geben, genau diese Qualitäten aus den Pfer-

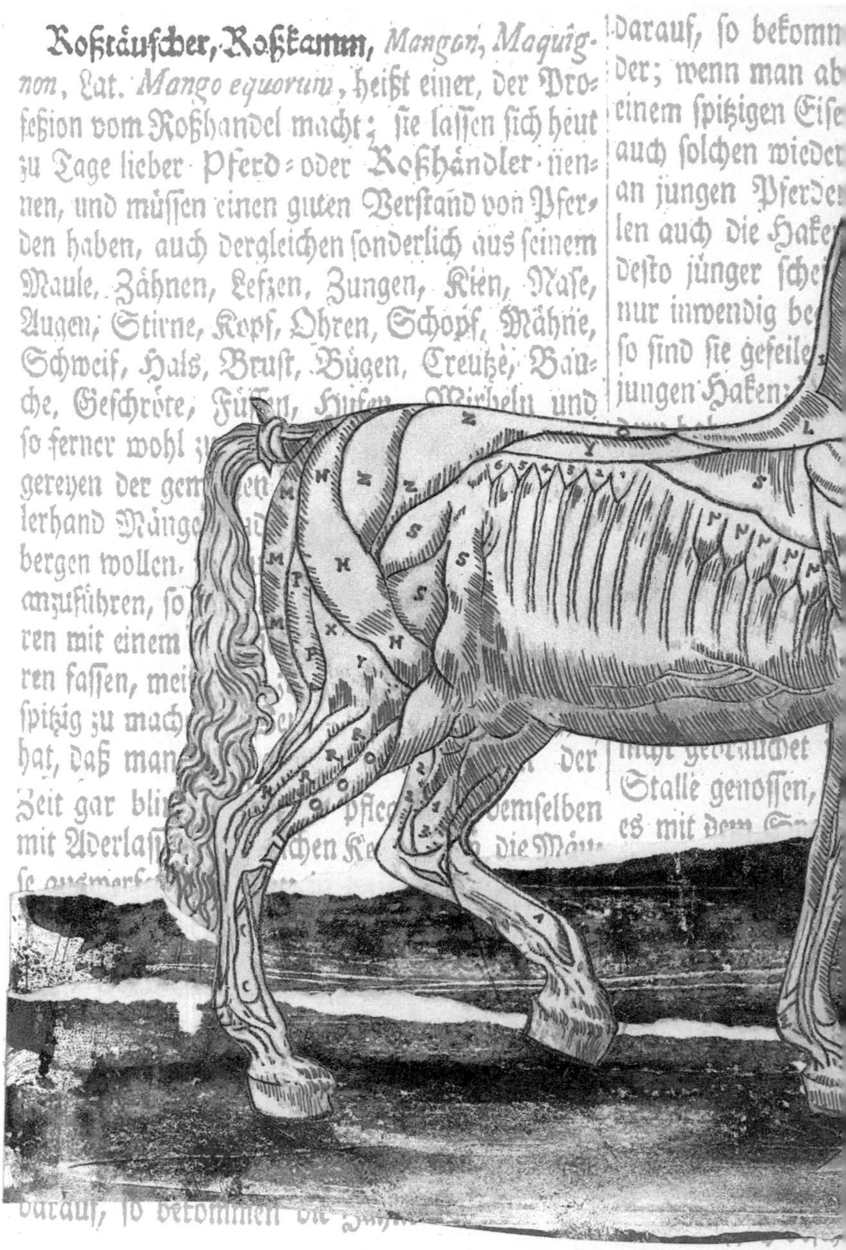

Roßtäuscher, Roßkamm, *Mangon, Maquignon*, Lat. *Mango equorum*, heißt einer, der Profeßion vom Roßhandel macht; sie lassen sich heut zu Tage lieber Pferd- oder Roßhändler nennen, und müssen einen guten Verstand von Pferden haben, auch dergleichen sonderlich aus seinem Maule, Zähnen, Lefzen, Zungen, Kien, Nase, Augen, Stirne, Kopf, Ohren, Schopf, Mähne, Schweif, Hals, Brust, Bügen, Creutze, Bauche, Geschröte, Füßen, Hufen, Wirbeln und so ferner wohl zu

gereyen der gem

lerhand Mänge

bergen wollen.

anzuführen, so

ren mit einem

ren fassen, mei

spitzig zu mach

hat, daß man … der

Zeit gar bli … Pflege … demselben

mit Aderlass … chen Ke … die Mäu-

darauf, so bekommen die Zähn

darauf, so bekomm

der; wenn man ab

einem spitzigen Eise

auch solchen wieder

an jungen Pferden

len auch die Haken

desto jünger schei

nur inwendig be

so sind sie gefeilt

jungen Haken;

nicht gebrauchet

Stalle genossen,

es mit dem

beschmieren ihn auch mit Wachs, Pech oder Wa-
genschmiere. Die Vollhufigen lassen sie auf Le-
der oder Filtz beschlagen, beschneiden es fein glatt
und sauber, daß man, wenn man ihm schon den
Fuß aufhebet, es dennoch nicht gar wohl mercken
ARSEN

den herauszukitzeln. Nie könne ein Kavallerist Vorreiter sein, auch wenn er der beste Reiter seines Regiments war. Als Vorreiter sei er eben nur in der Lage, sich selbst auf dem Pferd darzustellen, nicht aber das Pferd selbst.

Doch auch schmeichelnde Worte werden als Verkaufsstrategie genannt. Tierärzte und Professoren, die sich selbst als klug einstuften und theoretisch viel von Pferden wussten, kannten sich im Konkreten wenig aus und konnten von den Rosstäuschern mit Floskeln wie »Wenn ich nur den geringsten Teil von dem wüsste, was Sie verstehen« leicht um den Finger gewickelt werden.

Die Tricks der Rosstäuscher gingen so weit, dass sie manchmal Schauspieler engagierten. *»Plötzlich tritt ein unbekannter Herr hinzu, er besieht, er mustert dasselbe Pferd, er spricht leise mit seinem Begleiter, doch aber immer so laut, dass es der eigentliche Käufer hören kann, dass ihm dieses Pferd außerordentlich gefalle, dass seine Stellung, seine Bewegung, seine Form etc., ganz vortrefflich wäre und dass er es um gar keinen Preis wegließe.«*[137] Auch solche Mogeleien konnten nachhelfen, den Kauf schnell abzuschließen, und nie, niemals käme einer der Rosstäuscher auf die Idee, dass es sich hierbei um Tricks handelte. Es ging lediglich darum, sich einen Handelsvorteil zu beschaffen. Vollkommen legitim. Wäre der Käufer klüger, könnte er all das durchschauen.

Und wenn ein Kunde sich nun doch beschwerte nach dem Kauf? Wenn selbst der Stallmeister meinte, das Tier sehe sich nicht mehr ähnlich? Dann konnte man antworten: Beim Händler sei es geputzt und reinlich gehalten, der Stallmeister aber sei ein fauler Kerl.

ILLUSTRATION: ***Rosstäuscher** bei der Veredelung eines gemeinen Ackergauls. Hintergrund: Lexikoneintrag »Roßtäuscher, Roßkamm, Mangori, Maquignon, lat. Mango equorum, heißt einer, der Profession vom Roßhandel macht; sie lassen sich heut zu Tage lieber Pferd- oder Roßhändler nennen, und müssen einen guten Verstand von Pferden haben, auch vergleichen sonderlich aus seinem Maule, Zähnen, Lefzen, Zungen, Kien, Nase, Augen, Stirne, Kopf, Ohren, Schopf, Mähne, Schweif, Hals, Brust, Bügen, Kreutze, Bauche, Geschröte, Füssen, Hufen, Wirbeln und so ferner wohl zu urtheilen wissen.«*

SANDMANN

Tagelöhner, der Sand abbaute, um ihn später als Stubensand zu verkaufen
ERKENNUNGSZEICHEN: *schwindsüchtig, rote Augen, mit Sand gefüllte Säcke auf einem selbst gezogenen Wagen*
AKTIVE ZEIT: *seit dem Auftauchen des Reinlichkeitsbedürfnisses um 1740 bis um zirka 1920; endet mit der Einführung stärkerer Putzmittel*

Es gab Berufe, die waren so arg, so schlimm, dass selbst die, die sie ausübten, kaum darüber sprachen, geschweige denn in der Lage waren, etwas darüber aufzuschreiben. Zu diesen Berufen gehörte der Sandmann.

»Ich habe mir von den alten Sandmachern, die noch am Leben sind, erzählen lassen, was das für ein mühsames Leben war, und man kann verstehen, wenn diese Leite nicht gern vom ›Sandloch‹ sprechen.«

So schreibt in den zwanziger Jahren des letzten Jahrhunderts der Lehrer Rauschert aus Walldorf in Thüringen über seine Versuche, mehr über das Alltagsleben der Sandhasen zu erfahren.

Sandmänner, -frauen und -kinder waren Tagelöhner, die Sand abgruben, ihn klein hackten oder in der Mühle fein mahlten und ihn dann in den Städten als »Stubensand« verkauften. Denn: Bis vor nicht mal hundert Jahren wischte man samstags die gute Stube sauber, schüttete den feinen Sand auf die Dielen, lief den Rest des Tages darauf herum, um am Abend, kurz vor dem Sonntag, den

Sand samt Dreck auszukehren. Der Raum war danach blitzeblank. Aber auch zum Reinigen von Holzbottichen und von Gefäßen, in denen Milchprodukte gelagert wurden, benutzte man Scheuersand, eine etwas gröbere Variante, und zum Löschen von Tinte den besonders feinen. In der Küche gab es nebst Seife und Soda zum Händewaschen ein Gefäß für Sand.

Der Lehrer Rauschert aus Walldorf zählt zu den Wenigen, die sich überhaupt für diesen Beruf interessierten, und das auch nur, weil die Sandmänner und -frauen in seiner Heimatstadt über die Jahrhunderte eine imposante Höhle von 65 000 Quadratmetern und mit über 2000 Säulen, die die Decke stützen, gegraben hatten: *»Mit primitiven Werkzeugen wie Spitzhacke, Meißel und Holzklöppeln drangen die Sandmacher immer tiefer in das Felsgestein ein. Oft konnten sie in den schmalen Gängen beim Rauch der Öllampen nur in gebückter Haltung arbeiten und gehen. Diese Arbeitsbedingungen, der Hunger und die körperlichen Anstrengungen führten zum frühzeitigen Tod vieler Arbeiter. Von der Arbeit der Sandmacher waren auch die Kinder sehr hart betroffen. Zeitweise waren sechzig bis achtzig Personen, oftmals sogar Tag und Nacht, damit beschäftigt, Sandsteinbrocken abzuspalten und anschließend zu zertrümmern. Zu Hause klopften Frauen und Kinder das Material, siebten und verpackten den Sand.«*[138]

In anderen Gegenden Deutschlands, wo aufgrund der geologischen Verhältnisse die Sandschichten direkt unter der Bodenoberfläche liegen, reichte es aus, in den Wald zu gehen und dort Löcher zu graben, um an den Sand zu gelangen. In solchen Landstrichen, wie dem württembergischen Sternenfels, wurden die Sandmänner als wahre Plage betrachtet: *»Der gesamte Gemeindewald auf dem Sandberg wurde im Laufe der Zeit völlig durchwühlt und nach geeigneten Stubensandsteinen durchsucht. Hierbei entstand ein Bild der Verwüstung.«* Vielerorts wurde das Sandgraben als illegal erklärt, durchgesetzt wurde das Verbot aber kaum, denn für die, die auf die Produktion von Sand angewiesen waren, gab es keine andere Verdienstmöglichkeit. Ein Verbot bedeutete, sie verhungern zu lassen.

Ein angenehmer Beruf war er nicht, der Beruf des Sandmanns, und er wurde daher nur von den Ärmsten der Armen ausgeübt. Es gab auch keine organisierte Zunft, die sich für ihre Interessen eingesetzt hätte. So wie der Sand die Dielenböden sauber scheuerte, so rieb er auch die Haut der Tagelöhner wund. Er rieselte in ihre Augen, die sich davon entzündeten und rot anliefen, und er sammelte sich langsam, aber unaufhaltsam in ihren Lungen. Ein zeitgenössischer Anatom beschrieb das Gefühl beim Sezieren eines solchen Organs *»wie durch Sand schneiden«*.

Wer es vermeiden konnte, wählte also eine andere Einkommensquelle als den Sandabbau. Doch was tun, wenn plötzlich, wie 1845, die Kartoffelernten schlecht ausfielen? Wer nicht nach Amerika auswanderte, musste dazuverdienen. Der Sandabbau bot eine Möglichkeit, die ganze Familie einzubeziehen. Vater, Mutter und Kind im Sandloch. Gelagert wurde der Sand in der Wohnung, jedes Zimmer war gefüllt mit Sand. Im schwäbischen Gärtringen wurden in diesen Jahren vier Sandmühlen aufgestellt, in Sternenfels sollen es sogar fünfunddreißig gewesen sein. Für die Mühlenbesitzer, die die Mühlen verpachteten, entpuppte sich das Geschäft als lukrativ: Man war ja nicht weit von Stuttgart, der reinlichen Schwabenhauptstadt, der Bastion der Kehrwoche, entfernt, wo allein 1860 drei Millionen Liter[139] Fegesand verbraucht wurden.

Die Sandmänner zogen selbst los, um ihren Sand zu verkaufen. In einem Märchen aus der Heilbronner Gegend wird vom Stubensand-Jakob erzählt: *»Der Stubensand-Jakob war ein armer Mann. Sein Karren war schon alt und wackelig, und sein Gaul, die Liese, lahmte. So kam er mit seinem Gespann nur langsam vorwärts, und wenn er durch ein Dorf oder ein Städtchen fuhr und seinen Stubensand ausrief, so lachten die Leute und meinten: ›Da musst du früher aufstehen, Jakob, wir haben unseren Stubensand längst bei anderen gekauft.‹ Aber so früh sich der Jakob auch auf den Weg machte, immer schon waren die andern Fuhrleute mit ihrem Stubensand vor ihm da gewesen. Nur wenige Leute kauften ihm – mehr aus Mitleid – ein paar Eimer oder Säckchen von seinem Sand ab. So reichte,*

Sand
Seife
Soda
458. Sandtopfhalter
mit drei
Sand, Seife und Soda,
herges
ckiert und mit blauer
zu ob
sen passend. 37 cm lang,
20 c

Sand
Seife
Soda
dtopfhalter
, gewachst
verziert.

was der Jakob verdiente, kaum aus für sein Essen und den Hafer fürs Pferd.«[140]

Man sieht, es war ein harter Job.

Bis in die zwanziger Jahre des letzten Jahrhunderts konnte man den Ruf der Sandmänner noch auf Deutschlands Straßen hören.

»Sahnd, Sahnd, Sahnd,
Scheuer weißer stummer Sahnd.
Hann de Kinner in de Stubbn gschissn
wert ne handvoll druff geschmissn.
Sahnd, Sahnd, Sahnd!«,

oder

»Der Sandmann ist da!
Er hat so schönen weißen Sand,
ist allen Kindern wohlbekannt.«

Mit dem Aufkommen von chemischen Putzmitteln, Linoleum- und Hartholzböden aber stagnierte der Bedarf an Stubensand, und der Beruf des Sandmanns verschwand allmählich.

Dass man heute den Sandmann dennoch kennt, als nettes Kerlchen, das allabendlich die Kinder vor den Fernseher lockt, hat andere Gründe. Das Ganze beginnt etwas makaber: E. T. A. Hoffmann inspirierten die schwindsüchtigen, rotäugigen Sandmänner zu einem unheimlichen Monster, das den Kindern die Augen aussticht. Rieben sich die Kinder abends die Augen, so sei der böse Sandmann daran schuld. Der für die Leiden des Volkes so offene Hans Christian Andersen kehrte die Geschichte ins Gute. In seinem Märchen bot der Sandmann den Kindern abends süße Milch an, um die Augen zu benetzen. Und von da war es kein weiter Weg mehr zum Sandmann, der guten Traumsand streut. Er tauchte übrigens zuerst im Fernsehen der DDR auf, schließlich war der Sandmann ein Proletarier par excellence.

ILLUSTRATION: ***Sandmann*** *mit Familie beim Abbau des Stubensands.*
Hintergrund: Artikelangebot aus dem Stukenbrok-Versandkatalog, einem der ersten Versandkataloge Deutschlands: »Sandtopfhalter mit drei Behältern für Sand, Seife und Soda, alles aus Weißblech hergestellt, fein weiß lackiert und mit blauer Delftmusterverzierung, zu obigen Vorratsbüchsen passend. 37 cm lang, 20 cm hoch Garnitur M. 2.«.
Anmerkung: Solch einen »Sandtopfhalter« brachte man am Küchenwaschbecken an. Es gab damals noch kein Spülmittel, Sand und Soda waren gängige Putzmittel.

SCHARFRICHTER

ABER AUCH: BLUTRICHTER, BLUTSCHERGE, BLUTVOGT, BÖSER MANN, DEHNER, FLEISCHER, FOLTERER, HAUTABZIEHER, MARTERER, QUÄLER, KNÜPFAUF, ZÜCHTIGER, MEISTER HANS UND VIELES MEHR

Bis zur zweiten Hälfte des 16. Jahrhunderts: folterte und vollstreckte im Auftrag des Gesetzes, kümmerte sich aber auch um andere unangenehme Aufgaben, die in einer Gesellschaft anfallen, zum Beispiel: Abdeckerarbeiten, Aussätzige vertreiben, Hunde einfangen, Tiere kastrieren, Schriften verbrennen, Kloaken und Gefängnisse säubern, Galgen bauen, Dirnen kontrollieren
Ab der zweiten Hälfte des 16. Jahrhunderts: Aufteilung in Scharfrichter, Henker und Schinder
ERKENNUNGSZEICHEN: *lebte außerhalb der Stadt, musste sich als Scharfrichter erkennbar kleiden, wurden gemieden*
AKTIVE ZEIT: *ab dem 13. Jahrhundert bis ins 20. Jahrhundert in den Ländern, in denen die Todesstrafe abgeschafft wurde, sonst bis heute*

Es gab gute, allen voran gesundheitliche Gründe, einer Enthauptung beizuwohnen, und es gab weniger gute. Schaulust zum Beispiel.

Als am 21. November 1803 Johann Bückler, besser bekannt unter seinem Räubernamen »Schinderhannes«, zusammen mit seiner noch neunzehnköpfigen Bande am Rheinufer hingerichtet wurde, drängten um die Gerichtsstätte Epileptiker, die ihre Becher mit dem Blut der Geköpften füllten und tranken.[141] Man nahm zu diesem Zeitpunkt noch an, das Blut frisch Hingerichteter helfe gegen die Fallsucht oder Epilepsie – schließlich rauschte darin noch der Lebenssaft eines Menschen, dessen letzte Stunde zu früh geschlagen hatte. Auch 1812, bei einer Hinrichtung von vier Odenwaldräubern in Mannheim, füllte der Henkersknecht mehrmals einen Becher Blut[142] und reichte ihn an die versammelten Epileptiker.

Was die Schaulust betraf: In London wurden Menschenmengen von vierzigtausend gezählt, die zusammenströmten, um eine Vollstreckung zu sehen, in Bayern grillte man bei solchen Gelegenheiten extra »Galgenwürstchen«, und selbst Casanova nutzte die Gunst der Stunde: Er mietete sich bei einer menschlichen Vierteilung in Paris ein Zimmer mit Blick auf die Richtstätte. Die Damen in seiner Gesellschaft zeigten sich beeindruckt.

In diesem makabren Spektakel spielte der Henker zusammen mit dem Angeklagten die Hauptrolle, und theatralisch wirkte auch der Dialog, der zwischen den beiden formell abgehalten wurde und peinlichst genau notiert wurde:

»Herr Gevatter, verzeiht mir; dass ich dies tun muss, tut mir herzlich leid.«

»Tu du nur, was dir befohlen ist.«[143]

Nicht immer liefen Hinrichtungen so possierlich ab; oft wehrte sich der zum Tode Verurteilte. Einem Henker wurde bei einem solchen Kampf die Nase abgebissen; viele Henker mussten sich vorher Mut antrinken, um der Situation gewachsen zu sein. Allgemein waren Frauen bei Hinrichtungen schwerer zu handhaben als Männer: Sie sahen nicht ein, sich mit ihrem Schicksal abzufinden, und zeterten und schimpften bis zur letzten Sekunde. Die meisten Henker empfanden dies als unangenehm.[144]

1276 findet sich die erste Erwähnung eines Scharfrichters im Augsburger Stadtrecht. Zuvor gab es den »Beruf« des Henkers nicht. Stand ein schlimmes Urteil an, so musste es die Gemeinschaft vollstrecken. Wurde eine Frau im Fränkischen vergewaltigt, so war sie es, die mit einem Hammer die ersten drei Schläge auf eine Speerspitze ausführte, die auf das Herz des Schuldigen gerichtet war. Kaiser Barbarossa ließ elf Mitglieder einer zwölfköpfigen Bande durch den zwölften richten, und in vielen Gegenden Deutschlands war es der jüngste Ehemann einer Gemeinschaft, dem dieses schwere Amt zufiel. Doch ab dem 13. Jahrhundert kristallisierte sich der Henker als der Vollstrecker des Gesetzes heraus, um für das Volk das zu tun, womit das Volk sich nicht versündigen wollte. Will man dem »Sachsenspiegel« glauben, waren die Berufshenker der ersten Stunde angesehene Menschen:

»Er mag die Leut ohne Sünd wohl peinigen und töten. Ja, er tut daran ein Gottes Werk, dass er den Sünder um seiner Sünde willen strafet. Denn damit wird Gottes Zorn versühnet. Siehe nun wohl zu, du Fronbot oder Scharfrichter, dass du den Namen mit der Tat habest, und sei gerecht, dann wirst du heilig genannt.« [145]

Das blieb nicht lange so, zumal der Henker, um seinen Lebensunterhalt zu bestreiten, sich gezwungen sah, noch viele andere Aufgaben zu übernehmen, denen man wirklich nichts Göttliches nachsagen konnte. Hier zeigt sich das Mittelalter von seiner dunkelsten Seite.

Wer trieb die Aussätzigen und Verseuchten aus der Stadt? Wer sammelte alle Tierleichen ein und verscharrte sie auf dem Anger? Wer ging einmal im Jahr durch die Gassen und tötete alle wilden Hunde und herrenlosen Schweine? Wer kastrierte Pferde und Rinder? Wer traute sich, Hexenbücher zu verbrennen? Wer entfernte Selbstmörder aus ihrem Haus? Wer säuberte die Gefängnisse vom Kot der dort Dahinvegetierenden? Wer zimmerte den Galgen? Wer konnte einen ordentlichen Scheiterhaufen bauen? Wer praktizierte die »hochnotpeinliche Befragung«, also die Folter, und konnte diese über Tage hinziehen, ohne dass das Opfer an den Folgen gestorben wäre?

Den Henker umgab eine unheimliche Aura, und er wurde gemieden. Die Berührung mit einem Henker konnte fatale Folgen haben. So wurde in Basel ein Handwerker aus seiner Zunft ausgestoßen,

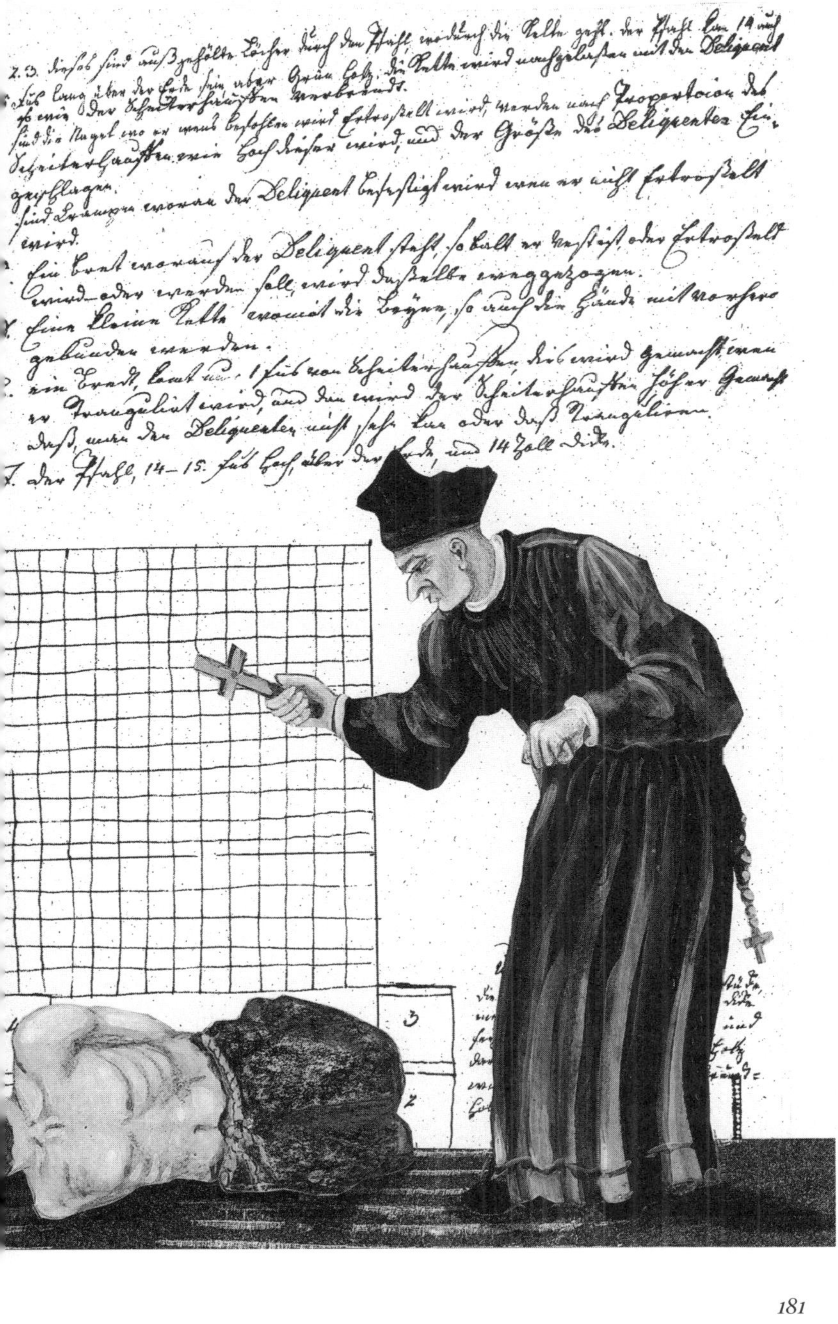

weil er mit einem Henker gebechert hatte.[146] Ein Wirt aus Winterthur verlor seinen Besitz, weil er half, einen vierspännigen Wagen aus dem Fluss zu ziehen und am selben Seil gezogen hatte wie der Henker.[147] Aus diesen Gründen mussten die Scharfrichter außerhalb der Stadttore leben, durften nur ihresgleichen heiraten und vererbten ihren Beruf weiter an die Söhne.

»In Deutschland kommen die meisten zu dieser Verrichtung, dass sie von Scharfrichtern gezeuget werden und zu anderen ehrlichen Handwerken und Hantierungen nicht gelangen können und so aus Not solche Verrichtung übernehmen müssen.«[148]

Was zuerst so brutal aussieht, zeichnet sich beim näheren Hinschauen ab als ein erstaunlich ausgewogenes Berufsbild, das viel Wissen und Geschicklichkeit vereinte. Der Henker hatte sich seinen Beruf ja nicht ausgesucht. Die Scharfrichter wussten wohl um die Monstrosität ihres Tuns, und nicht wenige ihres Standes litten unter Depressionen oder Ticks. Die einen führten akribisch Tagebuch, um ihre Tätigkeit zu verarbeiten, andere hatten einen Waschzwang. Interessant in diesem Zusammenhang ist auch die Wortwahl der Henker für ihre Tätigkeiten: *»Einen feinen Knoten schlagen«* bedeutete henken, brandmarken wurde durch *»zierlich zeichnen«* ersetzt, und *»artlich mit dem Rade spielen«* stand für rädern.[149] Viele dieses Standes versuchten, ihren Beruf so human wie möglich auszuführen. Einen Scheiterhaufen konnte man beispielsweise mit schwefelgefüllten Schloten versehen[150], um schneller eine Erstickung herbeizuführen. Jemanden, der gerädert werden sollte, konnte man kurz vorher erdrosseln, um die Schmerzen zu vermeiden, und allgemein galt der Spruch: *»Kurze Not, sanfter Tod, Gnade bei Gott.«*

Es passierte aber nicht selten, dass ein Henker vor lauter Aufregung *»butzte«*, also eine Hinrichtung schlecht ausführte. Um mit einem Schwert in einem Hieb den Kopf vom Rumpf zu trennen, musste man geschickt im Umgang damit sein. Kinder von Henkern übten daher mit Kohlköpfen hinter dem elterlichen Haus. Und man konnte immer noch dazulernen: Als der historische Jude Süß in

Frankfurt geköpft wurde, wandte man eine neue Methode an, und es wurden zwanzig Scharfrichter aufgezählt, die zum Studieren angereist kamen. In Innsbruck dagegen wurde ein gewisser Johann Putzer, Sohn des Scharfrichters Bartholomeus Putzer, von der Stadt für zwei Jahre auf Wanderschaft geschickt und mit Geld ausgestattet, um das Foltern und Hängen zu lernen. Sein Vater war zwar im Köpfen tadellos gewesen, in den anderen Disziplinen aber weniger geschickt.

Bereits im späten Mittelalter zeichnete sich eine akribische Bürokratie im Umgang mit dem verordneten Tod ab. Im für das Bewerbungsschreiben eines Scharfrichters ausgestellten Zeugnis der Stadt Frankenhausen steht beispielsweise:

»... sich in seinem äußerlichen Leben und Wandel still, fromm ... gegen seine Obrigkeit gehorsam und untertänig, gegen jedermann, sonderlich die zu Schaden gekommenen Patienten, ..., in denen peinlichen ihm anbefohlenen vielfältigen Executionen, sonderlich mit dem Schwert, ..., man ihn gerne länger hier behalten mögen, ... dass er sein Wort ziemlich wohl vorbringen könne und so grob und unartig nicht zu sein scheint ...«[151]

Oder wie eine Stadt ihren Henker anpreist:

»Er hat sein Meisterstück mit dem Schwert mittels Abschlagung des Hauptes in einem einzigen ganz glücklich geführten Streich hie dergestalt wohl gerichtet, dass man von Seiten der Justiz damit wohl vergnügt gewesen und mithin ermeldeter Nejer hierbei sein Meisterstück dergestalt ... abgelegt, dass er inkünftig vor einen guten Scharfrichter wohl passiere ...«[152]

Die Henker erhielten von den Städten einen kleinen Lohn und wurden für jede Hinrichtung oder peinliche Befragung extra bezahlt. Von den Hingerichteten durften sie die Kleider behalten oder alles unterhalb der Gürtellinie. Manche Städte hielten sich keinen »Meister Hans« und mussten, wenn es notwendig war, einen anfordern. So wurde der Henker von Konstanz 1478 nach Luzern gerufen, um dort eine umfassende Strafe zu vollziehen, bei der er dem Verbrecher erst das Herz aus dem Leib schneiden sollte, dieses unter dem Galgen vergraben und später den Leib köpfen und vierteilen. Das waren alles Extrapunkte auf der Rechnung, und die Reise würde sich für den Konstanzer lohnen. Als er aber in Luzern eintraf, hatte sich die Familie des Verbrechers an die Justiz gewandt, und das Gericht ließ Gnade walten: Er sollte »nur« geköpft werden. Der Henker war daraufhin so aufgebracht, dass nun die Stadt ihm beweisen musste, dass sie das Recht auf Gnade hatten.[153]

Es gehört zur Ironie der Geschichte, dass die Henker während des Mittelalters die besseren Ärzte waren. Denn wer hatte tiefere anatomische Einsichten als sie? Ärzte lernten an den Universitäten nur die Theorie, während die Henker mit der Praxis vertraut waren: Das gesamte Mittelalter hindurch war es verboten, einen Körper nach dem Tod zu öffnen, da der Körper bei der Auferstehung möglichst unversehrt und vollständig sein sollte. Der Henker öffnete unter Umständen Leiber lebendig.

Welche Gelenke ließen sich beim Rädern besonders gut brechen? Wie ließ sich eine Wunde heilen, damit eine Folter bald wieder fortgesetzt werden konnte? Wie sieht ein Mensch von innen aus? All das wusste der Henker, und die Bürger wussten, dass der Henker das wusste. Also schlich man sich nachts zu ihm und ließ sich heilen, später auch mit dem Einverständnis der Stadtväter. Viele Henker wurden im 18. Jahrhundert Ärzte und Tierärzte, auch Paracelsus soll von Scharfrichtern gelernt haben. Innerhalb ihrer Familien gaben die Henker alles Wissen weiter.

Aber auch allgemein gebräuchliche Zutaten für die Medizin konnte der Henker besorgen. Menschenfett zum Beispiel war im 17. Jahrhundert in Apotheken erhältlich und wurde vom Henker hergestellt. Ein traditionelles Sprichwort lautete:

»Zerlassen Menschenfett ist gut für lahme Glieder, so man sie damit schmiert, sie werden richtig wieder.«[154]

Auch Hirnschalenfleisch bot der Apotheker feil. Das zu beschaffen, war nicht jedermanns Sache. Wohl aber die des Henkers.

Wer mit dem Stigma des Todes behaftet war, konnte auch allerlei Zaubermittel verkaufen: Den Speichel eines zu Tode Gekitzelten, Diebesdaumen, Schamhaare einer gehenkten Frau – all diesen buchstäblich aus dem Kontext gerissenen Menschenteilen wurden magische Fähigkeiten nachgesagt.

Mit der Industrialisierung und der wachsenden Komplexität der Städte veränderte sich auch das Amt des Henkers. Seine Schaffensbereiche wurden verteilt, das Amt des Abdeckers wurde geschaffen. Richtige Henker konnte sich nicht mehr jede Stadt leisten, und als in London Ende des 19. Jahrhunderts ein neuer Henker gesucht wurde, bewarben sich über zwölfhundert Menschen für diesen Posten.

Elisabeth von Russland war fortschrittlich und schaffte bereits 1741 die Todesstrafe in ihrem Reich ab. Sie wurde allerdings später wieder eingeführt. Heute ist bewiesen, dass in Ländern mit Todesstrafe keinesfalls weniger Verbrechen geschehen als in Nationen ohne.

Die Todesstrafe wurde in der Bundesrepublik 1949 abgeschafft, in Bayern jedoch erst 1998, in der DDR 1987, in Österreich 1955, in Frankreich 2007, in der Schweiz 1992 und im Vatikanstaat 2001.

Der Henker als vielseitiger Menschenkenner verließ in Europa in der Mitte des 20. Jahrhunderts die Bühne der Weltgeschichte. Es gibt Berufe, denen man nicht nachtrauert.

ILLUSTRATION: ***Scharfrichter** mit Schwert, dem es gelang den Kopf eines Verbrechers mit nur einem Hieb vom Rumpf zu trennen.*
Hintergrund: Zeichnung des Scharfrichters der Stadt Lemgo, Johann Henrich Ernst Clausen (1763 bis um 1842), Anleitung zum Bau eines Scheiterhaufens, um 1800.

SESSELTRÄGER

Vorgänger der heutigen Taxiunternehmen
ERKENNUNGSZEICHEN: *rüpelhaftes Benehmen, starke Arme, saubere Wäsche an Sonn- und Feiertagen*
AKTIVE ZEIT: *in Europa von Mitte des 17. Jahrhunderts bis Ende des 19. Jahrhunderts*

In seinem Kultroman »Wassermusik« beschreibt T. C. Boyle eine Straßenszene in London Ende des 18. Jahrhunderts:

»Da die Straßen dermaßen unerfreulich waren, pflegten die bemittelten Stände per Kutsche oder Sänfte von einem Ort zum anderen zu gelangen. Die Sänfte war besonders gut an Zeit und Ort angepasst, bot sie doch den Privilegierten Bequemlichkeit und Sicherheit, außerdem einigen wenigen hungernden Massen eine Verdienstmöglichkeit. Sie bestand aus einem geschlossenen Abteil, an dem seitlich parallele Stangen befestigt waren. Diese Stangen wuchteten sich die Sänftenträger auf die Schultern, einer vorne, einer hinten. Die Träger, verarmte Produkte der Inzucht mit Hasenscharten und deformierten Köpfen, verdienten ein paar Pennies; die Dame, die zum Tee ausging, kam dort an, ohne dass ihr Petticoat mit Scheiße beschmiert wurde. Vorteile auf allen Seiten also.«[155]

Ähnliches spielte sich in Wien, in Frankfurt am Main, in München, in Turin, in Brüssel, in Paris oder aber in Berlin ab. War die Sänfte nach ihrem Einsatz im alten Ägypten und bei den Römern nur mehr als zeremonielles Fortbewegungsmittel benutzt worden, im Falle des Papstes sogar bis ins 20. Jahrhundert, so hatte sie Mitte des 17. Jahrhunderts wieder einen Platz auf den Straßen Europas gefunden. Die Sänften oder Portechaisen wurden wie heute die Taxis eingesetzt: für kurze Strecken innerhalb des Stadtgebiets. In Berlin und Leipzig inspirierten die Sänften sogar die Ämter, 1688 die ersten gesetzlichen Regeln des ÖPNV (öffentlicher Personennahverkehr) einzuführen.

Während man sich in London noch lange Zeit den Sänften widersetzte und das Tragen der schweren Kästen als menschenunwürdig betrachtete, teilte man andernorts diese Bedenken nicht. Die Sänfte hatte gegenüber Kutschen im engen Straßenverkehr nicht von der Hand zu weisende Vorteile: Sie kam überall durch – nicht zuletzt aufgrund der allgemein bekannten Rüpelhaftigkeit der Sänftenträger, wie ein Eintrag in einem Fremdenführer von Wien aus dem Jahre 1852 bestätigt: *»Übrigens genossen die Sesselträger nicht den besten Ruf; sie entwickelten eine sehr ärgerliche Rücksichtslosigkeit gegen die übrigen Passanten, die sie oft über den Haufen stießen, um dann erst ihr kaum verständliches ›Auf'gschaut!‹ zu brummen. Die Redensart ›grob wie ein Sesselträger‹, die noch gebraucht wurde, als diese Gilde längst mythisch geworden, entbehrte also keineswegs der tatsächlichen Begründung.«*[156] Oder aus einem anderen Werk: *»Das solln sonst sehr grobe Leut seyn, aber sobald man ihnen gibt, was sie begehren, so ist nichts höflicher, als ein Sesselträger.«*[157]

In München und Wien bediente man sich nach der Schlacht um Wien der Beutetürken als Sänften- oder Sesselträger, in Berlin der Hugenotten. Friedrich I. von Berlin befand: *»Denjenigen Franzosen, [die] so ganz arm waren und nichts gelernt hatten, wurden solche Arbeiten gegeben, wozu weder Kopf noch Fähigkeiten nöthig waren, sondern zu deren Ausübung bloß ein paar gesunde Arme und ein fester Körper gehörten.«*[158]

Sänften hatten ihren festgelegten Halteplatz im Stadtgebiet, wo man immer eine freie antreffen konnte – nicht viel anders als die Taxisammelstellen heute. Die Träger waren erkennbar gekleidet, oft in roten Röcken; sonn- und feiertags waren sie verpflichtet, weiße Wäsche zu tragen. Nicht selten stand die Sänfte zwar am vorgeschriebenen Platz, allerdings ohne die Träger: Die fanden sich dann in der nächsten Wirtschaft, wo sie gerade ihr »Trinkgeld« verprassten.

In Frankfurt am Main besaß eine Familie ein Sänftenmonopol, an anderen Orten wurden die Sänften an die Träger direkt verpachtet. Dort, wo sie angestellt waren, mussten die Träger eine verschlossene Büchse um den Hals binden, in die der Gast sein Geld warf. In verschiedenen Gesetzesentwürfen wird angeraten, einen Teil des Verdienstes an Armenhäuser zu spenden. Nachts kosteten Sänften mehr als tagsüber, im Winter mehr als im Sommer. Man konnte sich Sänften für einen ganzen Tag ausleihen oder wöchentlich. Wartezeiten vor Häusern wurden extra bezahlt. Allgemein waren die Preise an die Lebensmittelpreise gebunden. Weiterhin waren die Träger an die Geheimhaltungspflicht gebunden und durften nicht darüber Auskunft geben, wen sie wohin trugen. Ausländern, Lakaien, Kranken und Juden war die Beförderung untersagt. Für Familien waren die Sänften zu klein.

Auf die Bequemlichkeit in den Sänften wurde immer wieder verwiesen. 1737 schrieb der Amtsrat Carl Christian Schramm ein epochales Werk über Sänften, deren »Critic, Mechanic und Historie, sowie Einsatz in allen vier Theilen der Welt«[159] er genauestens untersuchte. Darin zitiert er die erste schriftlich erwähnte Sänfte, nämlich die des Königs Salomon in der Bibel: *»Der König Salomon ließ ihm eine Sänfte machen, von Holtz aus Libanon, derselben Säulen waren silbern, die Decke gülden, der Sitz purpurn, der Boden Mitte innen war lieblich gepflastert, um der Töchter willen zu Jerusalem.«*[160]

Zwar mokiert sich der Amtsrat darüber, dass die Säulen nur aus Silber waren (und nicht aus Gold), aber später erfährt man einiges von ihm über die empfohlene Ausführung von Sänften innerhalb Deutschlands. In Dresden zum Beispiel waren die Sänften mit schwarzem Leder überzogen und mit blauem Tuch ausgeschlagen, mit Spiegelscheiben und blauen Vorhängen. In der »Chursächsischen Polizeyverordnung« von 1766 dagegen steht:

»Die Portechaisen müssen gut und bequem gebaut seyn, damit große und starke Personen darin gemächlich sitzen können. Es kann

Verhaltungs-Reglement
Vor die Sessel-Träger in der Freyer Reichs-

TAXA
Trag-Lohns vor die Sessel-Träger

wohl nichts verdrieslicher seyn, als wenn man in der Sänfte so enge eingepresst sitzen muss, dass man sich nicht regen noch bewegen kann, ohne alle Augenblick Gefahr zu laufen, die Fenster zu zerbrechen; oder wenn einem die Decke der Sänfte auf der Nase sitzt. Die gemächliche Bauart der Sänften trägt vieles dazu bey, dass man sich derselben öfter bedient.«

Auch machte sich der schreibende Amtsrat Schramm Gedanken über bessere Schrittfolgen bei den Trägern, damit die Sänfte sich noch sanfter bewege, und über neue Sänftenkonstruktionen, die erlaubten, dass *»vorne ein kleiner Mohr und hinten ein großer Kerl«*[161] anpackten.

Alles in allem aber wurde 1713 der Sänftenverkehr in Berlin mit der Amtseinführung König Friedrich Wilhelm I. eingeschränkt: Sie galten als zu großer Luxus. 1779 wurde ein zweiter Versuch gestartet, die Sänften wieder einzuführen. Ein typischer Berliner »Projektmacher« sah in den Sänften eine Geldquelle: *»Die Sache war neu, und was neu ist, lockt bekanntlich auf einige Zeit raschen Beifall ab. So erging es auch den Sänften. In allen Vierteln der Stadt wurden dergleichen Tragekutschen ausgestellt, mit Trägern in besondere Montur versehen, und anfänglich ließen sich wirklich viele Menschen, nicht zur Bequemlichkeit, sondern mehr aus Neugierde umhertragen. Als diese aber befriedigt waren, geriet das Unternehmen bald wieder ins Stocken, und am Ende blieben, wie zuvor, nur noch einige Sänften übrig, die überdem wenig zu tun hatten, und bloß in Notfällen gebraucht wurden.«*[162]

ILLUSTRATION: *Dame, die in einer Sänfte von zwei* **Sesselträgern** *durch die Stadt getragen wird. Der hintere Sesselträger hat um den Hals eine Geldbüchse hängen, in die der Gast das Taxgeld wirft. Der Sesselträger kommt dank der Büchse nicht in Versuchung, das Geld gleich zu versaufen.*
Hintergrund links: Verordnung von etwa 1706 aus Cölln, in der den Sesselträgern das gebührende Verhalten angeordnet wird, wie das Unterlassen von Saufen, Fluchen oder die Anregung, sich stets sauber zu kleiden. Rechts: »Taxa des Trage-Lohns«, genaue Preisauflistung für Transportdienste der Sesselträger.

SILHOUETTENSCHNEIDER

Schnitt/malte Schattenbilder
ERKENNUNGSZEICHEN: *Schere in der Hand, durchdringender Blick*
AKTIVE ZEIT: *zirka 1770 bis 1790*

M*an lässt jetzt seinen Schatten besehen, wie ehemals sein Wasser* [Urin, d. Verf.]«[163], schrieb 1778 Georg Christoph Lichtenberg über die Raserei mit der Schere, die Narretei, Papierschnitzeley und Flachkunst, die seit wenigen Jahren die Fürstenhäuser und Gebildeten Europas beschäftigte: der einfache Scherenschnitt, die Portraitsilhouette, die angefertigt, gedeutet und getauscht wurde.

Ganz plötzlich war dieses Phänomen erwacht, und es gab zwischen Weimar und Darmstadt keinen erlauchten Kopf, der ihn nicht ins Licht gehalten hätte. Sturm und Drang, Freundschaftsempfinden, wahre Emotionen: Der Scherenschnitt lieferte die perfekte Projektionsfläche dafür. Die kleinen Bildchen ließen sich einfach anfertigen, beliebig sammeln und waren doch leer genug, um darin alles zu sehen, was man darin erkennen wollte. Ein Züricher Pfarrer, Johann Caspar Lavater, verfasste das begleitende Kultbuch »Physiognomische Fragmente von Silhouette und Schattenriss« und entfachte damit einen Wahn, der sich darin äußerte, dass ein jeder eines jeden Schattenbild zu erklären versuchte, ausgenommen Lichtenberg. Vielleicht lässt sich das heute mit der Partyfrage nach dem Horoskop vergleichen.

Lavater schrieb in seinen »Fragmenten«:

»Das Schattenbild von einem Menschen, oder einem menschlichen Gesichte, ist das schwächste, das leerste, aber zugleich, wenn das Licht in gehöriger Entfernung gestanden, wenn das Gesicht auf eine reine Fläche gefallen – mit dieser Fläche parallel genug gewesen – das wahreste und getreueste Bild, das man von einem Menschen geben kann.«[164]

Lavater begann damit, verschiedene Gesichtstypen aufzuzeigen. Am besten schnitt Goethe ab, über dessen Profilphysiognomie er schrieb:

»Wie viel Kühnheit, Festigkeit, Leichtigkeit im Ganzen! Wie schmilzt da Jüngling und Mann in eins! Wie sanft, ohn' alle Härte, Steifheit, Gespanntheit, Lockerheit; wie unangestrengt und harmonisch wälzt sich der Umriß des Profils vom obersten Stirnpunkte herab bis wo sich der Hals in die Kleidung verliert! Wie ist drin der Verstand immer warm von Empfindung – Lichthell die Empfindung vom Verstande.«[165]

Goethe selbst sammelte Schattenbilder von Persönlichkeiten, die er traf. Besuchte man sich in diesen Tagen, so konnte man darauf wetten, sich gegenseitig im Profil abzubilden. Einen wie Goethe befragte man gerne, was er von diesem oder jenen Profil halte, und so schrieb ein Arzt aus Hannover an seine Frau:

»In Straßburg habe ich unter hundert anderen Schattenrissen den Ihren dem Herrn Goethe gezeigt. Hier sind die Worte, die er mit eigener Hand unter das Bild geschrieben hat: Es wäre ein herrliches Schauspiel zu sehen, wie die Welt sich in dieser Seele spiegelt. Sie sieht die Welt, wie sie ist, und doch durch das Medium der Liebe.«[166]

Während der etwa zwanzig Jahre, die diese Mode währte, war es das naturgetreue, wissenschaftliche Bild der Natur, das es zu erzeugen galt. Dafür wurden eigene Maschinen entwickelt, wie etwa die Silhouettiermaschine. Die abzuschattende Person setzte sich vor eine Lampe, deren Licht den Porträtschatten auf eine Glasscheibe warf. Dahinter stand ein Mensch und zeichnete diesen ab. Um die Silhouette zu verkleinern, wurde ein Storchenschnabel eingesetzt, mit dem jede einzelne Gesichtspartie übertragen und minimiert werden konnte. Aus England ist sogar ein Silhouettierroboter bekannt. Zur Vervielfältigung konnte man diese Bildchen entweder doppelt falten und ausschneiden, oder aber man fertigte einen Kupferstich an. Königin Louise schrieb auf einem Schreibtisch, in dem Silhouetten als Intarsienarbeit eingelegt waren, Friedrich Wilhelm II. von Preußen trank auf der Pfaueninsel aus einem Service mit Silhouettendekor.

Die Silhouette geht zurück auf den französischen Generalkontrolleur der Finanzen, den Baron de Silhouette, der 1759 den maroden Staat vor dem Ruin bewahren sollte. Er trieb die Sparsamkeit auf die Spitze und soll selbst in einem Schloss gelebt haben, in dem nur Silhouetten und keine gemalten Porträts an den Wänden hingen – sie kosteten lediglich einen Bruchteil und waren, wie er fand, genauso präsentabel. Als die Pariser in dieser Zeit begannen, ihre Kleider ohne Taschen zum Geldaufbewahren zu tragen, wurde diese Mode *à la Silhouette* getauft.

Ab zirka 1780 tauchten die ersten Berufssilhouetteure auf, die nach eigenem Augenmaß und mit einer gehörigen Portion Können die Schattenbilder erstellten, welche bald beliebter waren als die steifen, jedoch exakten maschinengenerierten. Zu diesem Zeitpunkt war die Kunst des Silhouettierens beim normalen Volk angekommen und trieb dort seine buchstäblichen Blüten: War es zunächst die Minimalistik des reinen Schattens, die faszinierte und so viel Spielraum für Interpretation ließ, so kehrte sich dieses Merkmal nun ins Gegenteil, und man versuchte, die nur schemenhaft zu erkennende Kleidung hervorzuheben. Spitzenhäubchen auf Frauenköpfen wurden in diffiziler Feinstarbeit herausgeschnitten, Goldornamentik wurde untergejubelt, ja, man verquickte gar echte Haare mit den Schatten. Gerade aus der Biedermeierzeit sind Familienportraits überliefert, die jeglichen Geschmack vermissen ließen. Doch spätestens dann durften sie in keinem Haushalt fehlen, die Familienporträts en Silhouette, fein gerahmt, hinters Sofa auf die Tapete gehängt. Die Bildchen wurden aber auch in Alben, Schmuckstücken, Schmuckdöschen, Stammbäumen oder auf Lichtschirmen gesammelt.

Man begann nun auch, mehrere Personen gleichzeitig darzustel-

Q
R
S
T
V
47
COMPLETE PATTERN PIECE.
ER OR CUT LAP AND TAPE
MAIN PIECE TOGETHER.
ND CUT AS ONE.

45
b
a
4
47
IX
T

len, Frauen beim Stricken und Häkeln, Kinder beim Spielen, Männer beim Pfeiferauchen. Es sind diese Schattenbilder, die die Gemütlichkeit des Biedermeier widerspiegeln – der kleine Mann in seinem kleinen Glück.

Anders als die ersten Fotografen, die ab etwa 1860 auftauchten und die Personen ablichteten, arbeiteten die Silhouetteure meist ohne Atelier – genügte ihnen doch eine Schere und ein Pult. Oft waren es wandernde Künstler, die mit einer Anzeige in der Zeitung auf sich aufmerksam machten. Dabei galt der Nimbus des weit Herumgekommenen. Wie dieser Mann, der 1798 zwischen Paris und Sankt Petersburg nur »kurz« Zwischenstation in Lübeck machte:

»Ein kürzlich aus Paris gekommener Künstler, der im Winter bleiben will und mit dem ersten Schiff nach Petersburg geht, empfiehlt sich für Pettschaft [Siegel], Adressen; graviert, verfertigt auf eine ganz neue Art Silhouetten auf Glas, in Ringen, Medaillons und Dosen. Logiert in ›Stadt Wismar‹.«[167]

Andere Silhouetteure nannten sich »Hofsilhouetteur«, wenn es ihnen in ihrer Laufbahn gelang, nur ein einziges fürstliches Porträt erstellen zu dürfen. Wer sich diesen Titel nicht verdient hatte, musste sich anders spezialisieren. Gefragt waren die Silhouetteure in der Armee, die sich den Umständen entsprechend auf die feinen Unterschiede an den Uniformen versuchten. Hier ein besonders betonter Knopf, dort die Form der Kopfbedeckung, und schon hatte der Soldat ein Bildchen, das er nach Hause schicken konnte oder mit denen seiner Kameraden tauschen:

»Ein Kamerad, der seine Scher in Feindesland
Gar flott gebraucht, zur Freude der Soldaten
Schnitt mir dies Schattenbild mit kunstgeübter Hand
Wer soll's wohl sein?... Kann man's erraten?«[168]

Beliebt waren die Silhouetteure auch bei den Studentenverbindungen. Wieder waren es kleine Besonderheiten, die der geübte Silhouetteur nicht missachten durfte und bei denen er auch mal mit Farbe nachhalf: die Verbindungsmützen der Studenten mal rot, mal grün, mal blau gefärbt. Es gibt Fotos von den Räumen, in denen die Studenten tagten, wo jedes Stück Wand mit einer Silhouette beklebt ist.

Aus der Berliner Zeitschrift »Die Gartenlaube« ist von 1924 folgender Beitrag erhalten:

»Vor zwanzig Jahren gab es in Berlin einen wahrhaft genialen Silhouettenschneider. Er war ein kleiner Mann mit einem fragenden, gleich die Personen auf ihre besondere Einmaligkeit im Gesichtsausdruck prüfenden Blick, und man traf ihn überall, wo das Publikum sich zusammenfand, um des Tages Last und Mühe abzuschütteln … Oft fragte er mit der Schere in der Hand, ob er ein Portrait anfertigen dürfe, vielfach setzte er sich ohne Auftrag vor seinem ›Opfer‹ an einen nicht zu weit entfernten Tisch, fertigte mit wahrer Virtuosität ein Profilbild an und bot dann sein Kunstwerk gegen beliebige Bezahlung zum Kaufe an. Und der Berliner ist daheim viel zu kameradschaftlich und zu gutmüthig, um in solchem Fall nicht in die Tasche zu greifen. Er gibt, was seinen Verhältnissen entspricht, und der kleine Mann stellte – ich habe ihn häufig beobachtet – auch niemals höhere Forderungen. Ich besitze noch ein aus jener Zeit herrührendes, überraschend ähnliches Bildchen, aus schwarzem Papier geschnitten, und es weckt die Erinnerung an die in belebten Berliner Vororten oder in Konzertsälen, Bierschenken, kleinen Theatern und Belustigungslokalen verlebten Stunden.«[169]

Bis zur Erfindung der Polaroids zogen noch bis zur Mitte des letzten Jahrhunderts Silhouetteure durch die Vergnügungsviertel, Bierlokale, Kneipen, um flüchtigen Bekanntschaften eine Erinnerung an gemeinsame Stunden zu erhalten. Nur etwa zehn Minuten dauert das Erstellen eines Scherenschnitts, und unterhaltsam ist es auch, dem Künstler dabei zuzusehen. Längst deutete man nicht mehr das Profil, sondern freute sich über diesen kleinen Schnipsel, der, war es ein tête-à-tête, noch nicht einmal die Identität der abgebildeten Persönlichkeit preisgibt. In einem Buch versteckt und Jahre später entdeckt, wirft das Schattenbild neues Licht auf alte Erinnerungen.

Heute gibt es den Silhouetteur nur noch auf Volksfesten oder betont edlen Weihnachtsmärkten à la »wie in alten Zeiten«, auf denen der Künstler sich im Stil des Biedermeier kleidet und Teil der Gesamtperformance ist.

Doch noch einmal zurück zu Georg Christoph Lichtenberg, dem das Deuten der Schatten so zuwider war. Als einem der besten Physiker Deutschlands war ihm das nebulöse Interpretieren zu infantil, vielleicht spielte aber auch seine Verkrüppelung eine Rolle – weder sein Antlitz noch sein Profil waren schön, und niemand wird in ihm die edlen Kurven wie bei Goethe gesehen haben. Lichtenberg forderte den braven Lavater zum Kampf heraus, als der 1777 das »Fragment von Schwänzen« verfasste und darin in Lavaters Sprache die Physiognomie von, ja, richtig gelesen, Schwänzen beschrieb:

»Schwanz Nr. 8: Hier überall mehr Besonnenheit als Kraft. Ängstlich gerade, nichts Hohes, Aufbrausendes, weder Newton noch Rüttgerodt, süßes Stutzerpeitschchen, nicht zur Zucht, sondern zur Zierde, und zartes Marzipanherz ohne Feuerpuls. Ein Liedchen sein höchster Flug, ein Küsschen sein ganzer Wunsch.«[170]

ILLUSTRATION: *Links im Bild:* ***Silhouetteur****, der mit der freien Hand einen Scherenschnitt anfertigt, wie es vor allem im 19. und 20. Jahrhundert praktiziert wurde. Daneben, rechts im Bild, ein Silhouetteur aus dem Barock mit dem für die Zeit typischen Silhouettierstuhl, mit dessen Hilfe man eine naturgetreue, wissenschaftlich korrekte Silhouette abzeichnen konnte*
Hintergrund: Werkzeuge des Silhouetteurs, wie der Storchenschnabel, mit dem sich bereist gefertigte Silhouetten exakt vergrößern oder verkleinern ließen. (Aus: Silhouetten und Scherenschnitte in Deutschland).

WANDERPREDIGER

Mann, der sich einer spirituellen Wahrheit bewusst geworden war und diese auf Wanderschaft verkündete; bei positiver Resonanz oft als Heiliger verehrt, sonst als Irrer verrufen
ERKENNUNGSZEICHEN: *zerlumpte Kleidung, rhetorische Meisterleistungen, starkes Individuum*
AKTIVE TEIT: *in Zeiten des Umbruchs, kurz vor dem Umbruch, gerne auch zu Jahrtausendwenden*

Zeitgenossen haben ihn mit einem Meteor verglichen, der in strahlendem Glanz über den Himmel dahinfährt. Aber ein Meteor zieht seine Bahnen ohne Nutz und Frommen der Menschen. Des Volkspredigers Berthold Auftreten gleicht einem sanften, reichlich strömenden Regen, der das Land weich macht und das Gewächs segnet. Seine fast geheimnisvolle Erscheinung erinnert an Elias, den Propheten: Nur dem höchsten geweiht, verschwindet seine Person ganz vor seinem heiligen Beruf. Sein Amt ist alles, seine Person ist nichts.«[171]

Diese schwelgerischen Worte über Berthold von Regensburg erschienen 700 Jahre nach dessen Tod und könnten doch für fast jeden Wanderprediger eingesetzt werden. Die den Wanderpredigern nachgesagte glänzende Rhetorik, verbunden mit einem charismatischen Auftreten, begeisterte Menschenmassen und nahm mitunter sogar Einfluss auf die Politik. Denn Wanderprediger zeigten Missstände auf, schwärmten von einer heilen Welt und lehrten einen das Fürchten mit ihren apokalyptischen Visionen. Alles in Volkssprache. Kein Wort in Latein. Die französische Schrift »Histoire Litéraire« bemerkte über die Biografie des Wanderpredigers Bernhard von Thiron:

»Die Darstellung sei folgerichtig und der Stil glatt. Obwohl der Teufel etwas zu häufig auftrete und nicht alle Visionen der Wirklichkeit entsprochen haben mögen, so sei dem Verfasser dennoch Glauben zu schenken, dass er bloß niedergeschrieben habe, was er selbst gesehen oder von unverdächtigen Zeugen vernommen hätte.«[172]

Die Biografien der bis heute bekannten ersten Vertreter dieser Berufung, zum Beispiel Norbert von Xanten oder Vitalis von Savigny und selbst Buddha oder Jesus, die als Wanderprediger begannen, gleichen sich in erstaunlich vielen Punkten: Sie alle genossen eine strenge Erziehung, zogen sich zurück, lebten in Askese und spürten danach das Bedürfnis zu predigen. Wenn sie nicht auf Wanderschaft verstarben, so verbrachten sie ihren Lebensabend in von ihnen gegründeten Institutionen, wie etwa Klöstern.

Es gab aber auch andere, weniger tugendhafte, wie der Bischof Ivo im 12. Jahrhundert in einem Brief berichtet:

»Es sind Asketen, die in Schaffelle gehüllt und von der schlechtesten Kost sich nährend, aus ihren Wohnsitzen in Wäldern und Bergeshöhen hervorkommen, die Dörfer, Städte und Kastelle bereisen und allenthalben predigen. Ihre Predigt enthält eine scharfe Kritik des Klerus und des Mönchtums, namentlich der geistlichen Würdenträger. Das wogegen sie insonderheit eifern, ist die Tatsache, dass viele Klöster vom Zehnten leben, der von Rechts wegen dem Klerus gebührt. Ihr abfälliges Urteil über alle Menschen, die nicht so sind wie sie, scheint bei ihnen in dem Satz zu gipfeln, dass die Kirche Christi nur bei ihnen zu finden sei. Aber ihr Leben selbst ist keineswegs makellos. Statt sich von den Zehnten zu nähren, nehmen sie, wenn der Ertrag ihrer Arbeit nicht ausreicht, das Geld der Armen von der Hand der Räuber oder wuchernder Geschäftsleute. Ja, sie entblöden sich nicht, sich für ihre Predigt bezahlen zu lassen. Es kann ihnen nicht zur Entschuldigung dienen, dass sie selbst kein Geld in die Hand nehmen, denn sie haben Leute bei sich, die dies Geschäft für sie besorgen, sei es gleich, sei es nachdem sie bereits fortgewandert sind.

So geschieht es, dass diejenigen, die sich zu frühzeitig das Recht anmaßen, zwischen Guten und Bösen zu scheiden, nicht zu Pharisäern werden, sondern auch selbst kein einwandfreies Leben führen ... Man soll sich durch den Satan nicht täuschen lassen, der oftmals die Gestalt eines Engels des Lichts annehme.«[173]

Diejenigen der Wanderprediger, deren Namen noch heute bekannt sind, zeichneten sich vor allen Dingen dadurch aus, dass sie kein Geld für ihre Reden nahmen und wirklich nur von Sachspenden lebten. Selbst Jesus bläute seinen Jüngern ein, nie nach Essen zu fragen.

Wie sah der Auftritt eines Wanderpredigers aus? Peter der Eremit reiste in Lumpen gekleidet und barfuß auf einem Esel an. *»Was immer er sagte oder tat, schien halbgöttlicher Art zu sein.«*[174] Er zeigte seinem Publikum gerne auch ein Stück Pergamentpapier: ein Himmelsbrief und die direkte Beauftragung von Gott zum Predigen. Von Berthold von Regensburg wird berichtet, dass er nur auf Einladung anreiste. Er war so beliebt, dass er sich erlauben konnte, der Schweizer Stadt Winterthur seinen Besuch zu verweigern: Die Stadt sollte, so sein Wunsch, eine Abgabe, die von den Armen verlangt wurde, abschaffen. Da sie das nicht tat, erschien Berthold auch nicht. Ob dies aufseiten des Volkes zu einem Aufstand führte, ist nicht bekannt. Egal, wo er auftrat, wird berichtet, dass den Bauern die Arbeiter von den Feldern davonrannten, um ihm zu lauschen. Er stellte sich gerne vor der Stadtmauer unter einen Baum und warf eine an eine Schnur gebundene Feder in die Luft, um zu sehen, in welche Richtung der Wind sie trug. Dann befahl er den Menschenmassen, die sich um ihn gesammelt hatten, sich in dieser Richtung aufzustellen, um ihn besser hören zu können. Er wählte eine einfache Sprache und einfache Gleichnisse, die das Volk sofort verstand.

»Am Schluss ruft er die ganze Versammlung auf, ein lautes Amen zu sprechen, wenn sie von ihren Sünde lassen wollen. Mächtig tönt es aus der großen Masse zu ihm herüber. Da ruft er: Pfui, Geiziger! Ich höre dein Amen wohl heraus; es ist keine Wahrheit drin. Vor Gottes Ohren klingt dein Amen wie des Hundes Bellen!«[175]

Neben Schwärmereien vom Paradies waren es alltägliche Dinge, die ihm ein Anliegen waren. So rief er dazu auf:

»Ihr sollt eurem Kind böse Dinge wehren mit einem kleinen Reis, dass es sich fürchte. Ihr sollt es nicht mit Stecken schlagen, noch mit der Hand an den Kopf, oder sonst irgendwo, dass es nicht lahm oder zu einem Thoren werde.«[176]

Das Erscheinen von Wanderpredigern zeugte meist von einer Zeit des sozialen Umbruchs. Sie waren Publikumsmagneten, und durch ihren missionarischen Geist konnten sie mit ihren Reden tatsächlich Hunderttausende von Menschen erreichen. Sie reisten in den Sommermonaten, im Winter zogen sie sich zurück. Um den Menschen in Erinnerung zu bleiben, griffen sie vor der Erfindung des Heiligenbildes auf einfache Methoden zurück: Klemens aus Irland schnitt sich Haare und Fingernägel ab und verteilte diese als Reliquien an seine Zuhörer.

Die erste Welle von Wanderpredigern und deren starker Einfluss auf das Volk sowie die zeitgleiche Entwicklung von religiösen, als Wanderprediger organisierten Bewegungen, wie den Katharern oder Humiliaten, zwang die Kirche im 12. Jahrhundert, ihre eigenen Vertreter besser auszubilden: An den theologischen Fakultäten wurden nicht nur die Fächer Rhetorik und Grammatik eingeführt, man suchte auch nach Männern, die *verbo et exemplo*, Wort und vorbildliche Lebensweise, miteinander verbanden. Weiterhin mahnte man die Bischöfe, bei ihren öffentlichen Reden auf Prunksucht zu verzichten, um Wanderpredigern keinen Anlass für ihre Predigten zu geben. Das kam nicht von ungefähr. Die Kirche war zu diesem Zeitpunkt weit von ihrer ursprünglichen Mission abgewichen, die der einstige Wanderprediger aus Nazareth und seine Apostel in die Welt getragen hatten. Klöster waren Orte der materiellen Sicherheit. Wer im Kloster lebte, brauchte keine Angst vor Hunger zu haben. Der Bischof Ivo berichtet angewidert von Nonnenklöstern, die ihren Gönnern treu ergeben waren, der Bischof Johann von Orléans war der Lustknabe des Erzbischofs von Tours, und wenn man in den Gassen davon sang, dann sang Johann mit.[177] Ivo selbst musste einen Mönch entlassen, weil er falsches Geld herstellte, und ein anderer wurde getadelt, weil er bei einem Dieb die Folter anwandte. Ganz zu schweigen von den Saufexzessen der Mönche und den Hierarchie-Streitereien, bei denen Mord, Totschlag und Augenausstechen durchaus gängige Lösungen waren.

Die erste Kreuzzugswelle lag hinter den Franzosen, und die wenigen, die davon zurückkehrten, waren nicht bessere Christenmenschen geworden, sondern dürsteten nach noch mehr Reliquien. Die Bevölkerung suchte derweil verzweifelt nach Seelenheil – so sehr, dass eine ganze Truppe von Männern loszog, Jerusalem selbst zu finden, in Frankreich, und dabei verhungerte. Es war die perfekte Zeit für neues Gedankengut, selbst die Kirche sah das ein. So wurden Wanderprediger, wenn sie nicht zu radikal auftraten und sich an bestimmte Spielregeln hielten, von der Kirche gefördert. Taten sie das nicht, liefen sie Gefahr, als Ketzer bezeichnet zu werden und mit entsprechenden Sanktionen rechnen zu müssen.

Dass auch Scharlatane unter den Wanderpredigern weilten, befanden die Gebrüder Grimm, die in ihrem Wörterbuch diesen Eintrag vornahmen:

»WANDERPREDIGER, *m., umherziehender prediger: da kam im jahr 1848 einer jener wanderprediger, wovon manche vernünftig, viele aber narren gewesen waren.«*

Verstärkt traten sogenannte Wanderprediger auch wieder in der Wilhelminischen Zeit auf. Es gab damals sogar einen Wanderpredigerschein, der es einem rechtlich erlaubte, so unterwegs zu sein. Gustaf Nagel, der Barfußapostel vom Arendsee, wurde durch diese Tätigkeit der beste Steuerzahler seines Heimatorts. Wie seine Berufsvorgänger zog er in ärmlicher Kleidung barfuß als Prophet durch Deutschland und weiter bis ans Mittelmeer, verkündete die Liebe und druckte Pamphlete in seiner ihm eigenen Orthografie. Er brachte es sogar fertig, an Heiligabend 1902 in Bethlehem auf einem Esel einzureiten, und hätte es auch weiter nach Indien geschafft, hätte er nicht just zu diesem Zeitpunkt die Vision gehabt, in Arendsee einen Tempel zu bauen. Was er tat. Auch hierin unterscheidet er sich kaum von den großen Wanderpredigern des Mittelalters. Er hinterließ keine Fingernägel, sondern ließ Postkarten drucken, auf denen er sich werbewirksam, immer mit einem Gemüse im Hintergrund (er predigte auch das Essen von Rohkost), ablichten ließ.

Heutzutage gibt es den Wanderprediger kaum noch, verbreitet doch das Internet alle Inhalte authentisch und für jeden Geschmack. Noch vor wenigen Jahren bezeichnete sich der Börsenguru André Kostolany selbst als Wanderprediger der Börse – weil er eine besondere Intuition für Geldgeschäfte hatte und diese auf den Finanzmärkten der Welt verkündete.

Bleibt noch von einem Wanderprediger zu berichten, dessen missionarisches Werk auch heute noch im Dienste der Menschheit steht: Thomas Cook, der Abstinenzler. Er predigte sonntägliche Ausflüge aufs Land, anstatt sich die Hucke vollzusaufen. So organisierte er am 5. Juli 1841 eine Bahnreise von Leicester nach Loughborough, inklusive Tee, Rosinenbrötchen und Blasmusik. Der Ausflug war erfolgreich, und Cook veranstaltete weitere wohltätige Exkursionen, zuerst zu englischen Badeorten, später auch mal nach Kontinentaleuropa und gar nach Ägypten. Sein Unternehmen existiert bis heute, es werden Reisebroschüren statt Pamphlete gedruckt, und anstelle von Reliquien kauft man sich Souvenirs. Auch das Wandern wird noch gepflegt, als Erholung. Doch der Rest ist verloren gegangen.

ILLUSTRATION: *Ein rhetorisch geübter* ***Wanderprediger*** *beim Verkünden seiner göttlichen Eingebung vor andächtig versammelter Menge.*
Hintergrund: Strandpredigt auf Rügen, 1881, Holzstich von Landschaftsmaler Wilhelm Riefstahl, München.

ZEIDLER

Zunftberuf, der sich auf die Wildbienenzucht spezialisierte
ERKENNUNGSZEICHEN: *Seil, Zeidlerbeil und Armbrust*
AKTIVE ZEIT: *graue Vorzeit bis zirka 17. Jahrhundert, in slawischen Gebieten vereinzelt noch heute*

Von all den vielen ausgestorbenen Berufen gibt es nur wenige, bei denen man aus der Perspektive der heutigen Zeit das Gefühl hat, der Mensch dahinter durfte dank seiner Tätigkeit ein glückliches und ausgefülltes Leben führen und war nicht gegeißelt von seiner Arbeit oder ihren Umständen. Die Zeidler gehörten vielleicht dazu. Sie waren eine Berufsgruppe, die Wildbienen in den Wäldern hütete und deren Produkte, also Honig und Wachs, verarbeiteten und verkauften. Ihre Arbeit war abwechslungsreich, verband Handwerk und Vermarktung, drinnen und draußen, mal oben im Geäst, hoch über der Welt schwebend, mal auf dem Waldboden umherkriechend, doch immer süß. Alles, was die Zeidler brauchten, fanden sie in den Wäldern und mussten lediglich darauf achten, dass ihnen niemand zuvorkam.

Stolz sahen sie aus, die Zeidler, auf den Wappen oft mit Armbrust abgebildet – und hatten auch alles Recht dazu. Von der Antike bis zur Reformation galt der Honig als ein wichtiger Wirtschaftsfaktor, und seit Platons »Nomoi« wurde das Gewerbe der Bienenhüter auch vom Gesetz ehrbar behandelt. Zeidler, die als feststehender Begriff und Zunft erst im Mittelalter auftauchen, hatten ihre eigenen Gerichte, zahlten Steuern und mussten bei Kriegen ihrem Landesherrn als Armbrustschützen dienen.

Die Honigbiene ist alt. In einen Bernstein eingeschlossen, entdeckte man ein Exemplar, dessen Alter man auf fünfundachtzig Millionen Jahre schätzt. Sie gehörte damals schon einem Staat an – fünfundachtzig Millionen Jahre also, bevor die Griechen die Idee dazu hatten. Die erste Abbildung eines dieser fleißigen Insekten wurde um 18 000 v. Chr. an die Wand einer Höhle in Italien gemalt. Wie die Menschen auf die Idee kamen, sich am Honig zu laben, ist ungewiss. Wahrscheinlich beobachteten sie Bären oder andere Wildtiere. Sobald der Mensch aber auf den Geschmack gekommen war, war der Honig nicht mehr vom Speiseplan dieses aggressiven Zweifüßlers wegzudenken. In allen Erdteilen (außer Australien, wo es keine Bienen gab und Pflanzen mit einer anderen Form der Befruchtung auskommen mussten) wurde der Honig religiös verehrt, gegessen und als Arzneimittel verwendet. Es gab Völker, die ihre Toten in Honig konservierten, und in Ägypten wurde er den Verstorbenen mit ins Grab gelegt. In einer Zeit, in der Energie noch in Menschenstärke gemessen wurde, war es der Honig und nicht das Erdöl, der die Kraft lieferte, um Monumente zu bauen und Zivilisationen zu gründen. Folglich blühte der Handel mit diesem haltbaren Produkt wie die Wiesen, von denen es stammte. Vor allem die Region der Karpaten, mit ihren tiefen Nadelwäldern und Felsenschluchten, exportierte von alters her ihren Honig, und Städte wie Nowgorod in Russland galten schon bei den Wikingern als Umschlagplätze für Honig, an denen Kaufleute aus allen Ecken des riesigen Landes den »Götternektar« zusammentrugen und bis zum Mittelmeer verkauften.

Pytheas aus Marsalia (Marseille), ein Zeitgenosse von Alexander dem Großen, berichtete von den Germanen, die Honig auf ihr Brot schmierten und Met tranken. Der süßherb schmeckende vergorene Honig mundete dem Volk, und Besäufnisse damit gehörten zu ihren Zusammenkünften und religiösen Ritualen. Anders als der Honig war das Gesöff nicht haltbar und taugte nicht als Handelsgut: Die Germanen sammelten ihren Methonig noch frisch und frei aus ihren Wäldern, und weil es dort nie daran fehlte, bekam man zumindest von der Suche danach kein Kopfweh. Erst mit Staatengründungen und der damit einhergehenden neuen Besitzregelung kamen Konflikte auf, wer das Recht habe, den Honig in den Wäldern zu ernten. Interesse daran gab es von allen Seiten: Die neu gegründeten Klöster, die das Land nun verwalteten, benötigten nicht nur das Kerzenwachs, auch auf den Honig wollten die Mönche nicht verzichten, war er doch in den Fastenzeiten eine angenehme Abwechslung und wurde für die Herstellung von Medizin gebraucht. Es mussten also Gesetze gestrickt werden, die sich der Produktion von Honig annahmen. Diese Aufgabe fiel 1350 Karl IV. zu. Seine Bestimmungen markieren den Beginn der Zeidelei in Deutschland. Die Waldbienenhüter erhielten darin ihr eigenes Gericht, die enge Zusammenarbeit mit den Förstern wurde festgelegt, und gewisse polizeiliche Befugnis wurden ihnen erteilt, vor allem das Bestrafen von Honigdieben. Immer wieder gab es lokale Unterschiede, die sich gerade bei der Besteuerung bemerkbar machten. So mussten manche Zeidler einen Prozentsatz ihres eingebrachten Honigs abgeben, was in der Praxis nicht gut funktionierte und zu »Steuerbetrug« führte. Als sehr viel besser erwies sich das System, bei dem jährlich eine bestimmte Menge Honig abgegeben werden musste.[178] Dass manchmal versucht wurde, den Honig zu panschen, führte zur Einstellung von Honigprüfern. Im Großen und Ganzen war die Zeidelei aber ein Geschäft, das nicht allzu vielen Risiken ausgesetzt war.

Rechtlich großes Kopfzerbrechen bereitete die Frage, wie weit ein Zeidler seinen Schwarm verfolgen durfte. Wenn im Frühling die Bienenvölker auszogen, sammelten sich die Bienen traubenförmig an einem Ast und flogen dann weiter. Je nach Region wurden verschiedene Gesetze angewandt, doch war es üblich, dass der Zeidler dem Schwarm folgen durfte, so weit er sein Beil schmeißen konnte. Aus einem festgelegten Zeidlerraum durften die Bienen jedoch nicht getragen werden. Bei den Römern sah das noch anders aus. Der oströmische Kaiser Justinian verfügte im Corpus Iuris Civilis (528 bis 534 n. Chr): *»Auch Bienen sind ihrer Natur nach wilde Tiere. Haben sie sich daher auf deinem Baum niedergelassen, so sind sie, bevor du sie in einem Bienenstock eingefangen hast, ebenso*

h
d
c
g

f
e
a

wenig dein Eigentum wie Vögel, die auf einem Baum ein Nest gebaut haben.«[179]

Im Grunde hatten die Zeidler nur zwei Feinde. Das waren zum einen die Bären und zum anderen die Honigdiebe. 1537 wurden in Saalau beispielsweise fünfundvierzig Bienenbeuten von Bären aufgefressen.[180] Das Einzige, was half, war, sich ausgefeilte Bärenfallen auszudenken wie folgende:

»Stellet einen Zeidelbär vor, der großen Appetit nach Honig hat; der aber vor dem Stocke einen schweren Klotz an einem Stricke hängend findet, ihn mit der Pfote wegstößt, und von dem zurückprallenden Klotze den Kopf grässlich zerschlagen bekommt...«[181]

Diebe dagegen musste man mit dem Gesetz bestrafen. Je abschreckender, desto nachhaltiger. Ausreden und Ausflüchte wurden nur selten berücksichtigt:

»Der Dienstjunge des Sekretärs zu Schnellpförtel hat aus der Heide einen Schwarm in der Mütze hereingetragen, er beteuert, dass der Schwarm sich an ihn angelegt und in der Mütze gesammelt hätte. Er musste gleichwohl Strafe geben. Er hätte die Mütze mitsamt dem Schwarm im Busch lassen sollen. Es dürfe kein Schwarm nullo aus der Heide herausgetragen werden...«[182]

So ein Auszug aus dem Görlitzer Zeidelrecht von 1771.

Es kommt nicht von ungefähr, dass Nürnberg für seine Honigkuchen so berühmt wurde: Die Stadt, die von Nadelwald umgeben war, schuf die besten rechtlichen Voraussetzungen für ihre Zeidler, und die Honigbäcker bezogen ihren Goldsaft direkt vom Sammler ihres Vertrauens.

Wie sah der Alltag der Zeidelei nun aber aus? Die Zeidelei wurde vererbt, und jeder Zeidler hatte ein bestimmtes Waldstück. In seinem Wald musste er zuerst einmal die Bäume finden, in denen die Bienenschwärme wohnten. Da ein Schwarm immer im selben Baum haust, konnte der Zeidler diesen Baum mit einem geschnitzten Zeichen kennzeichnen, und der Schwarm gehörte ihm. Im Frühling, wenn die neuen Königinnen mit ihrem noch kleinen Volk ausschwärmten, musste er neue Unterkünfte finden, konnte diese aber auch vorbereiten: Indem er von einem Baum die Krone abschnitt, dort von oben ein Loch hineinbohrte, dieses wieder verschloss und seitlich ein Flugloch fertigte. Solch ein Baum wurde als »Beute« bezeichnet. Der Zeidler, der das Verhalten der Bienen genau beobachtete, wusste natürlich, wie eine ideale Stelle für einen neuen Bienenschwarm aussehen musste, damit der sich dort niederließe: windgeschützte Stellen, in der Nähe eines Wassers, mit niedrigem Unterholz, aber mit Heidekraut oder Sträuchern, in einer ruhigen Waldgegend.

Es gab viele Zunftgeheimnisse bei den Zeidlern, aber ein Text aus dem 17. Jahrhundert aus Russland gibt ein wenig Auskunft über ihre Tätigkeit:

»Sie hauen sich ihre Stöcke in verschiedene Arten Bäume als Eichen, Linden, mehrenteils Kiefern … Es gibt in dem Lande Leute, welche wohl 500 dergleichen Bienenstöcke haben … Wer dergleichen Arbeit nicht gesehen hat, dem scheint sie unglaublich zu sein, wenn er den Menschen die entsetzliche Höhe hinaufsteigen sieht, der nicht an den Ästen des Baumes, sondern durch die Hilfe eines ledernen Seils, welches er über einen Ast wirft und sodann mit den Händen anfasst, und also die ausgehauenen Stufen in die Höhe steigt und alsdann seine Arbeit mit Bequemlichkeit verrichtet.«[183]

Diese Baumbeuten hatten einen Nachteil: Immer nur ein Bienenschwarm passte in einen Baum, und wenn der Baum im Sturm fiel, war alles weg.

Sogenannte Klotzbeuten vereinfachten den Zeidlern die Arbeit, indem man Baumstücke aushöhlte und diese an die Äste eines Baumes hängte oder im Wald aufstellte.

Während Nichtzeidler und Honigdiebe die Beuten ausräuchern mussten, um an den Honig zu gelangen, wussten die Zeidler von einer nachhaltigeren Methode: Denn das Ausräuchern bedeutete, dass der Schwarm sich in dieser Beute nicht mehr ansiedeln würde. Leider ist nirgends vermerkt, wie diese Methode aussah. Es war wieder eines dieser Zeidlergeheimnisse, das die Zeidler mündlich und unter Schwur an ihresgleichen weitergaben.

Doch währte die Zeidelei nicht ewig. Das langsame Aussterben der Berufsgruppe war von vielen Faktoren geprägt. Einer davon war die Reformation Martin Luthers. Der Wittenberger hatte oft genug verkündet, dass wahrer Glaube auf ein helles Lichtermeer im Gotteshaus verzichten könne, folglich sank der Bedarf an Kerzenwachs rapide. Man benötigte es weiterhin in geringen Mengen als Siegelwachs und im Handwerk, aber der Markt war beträchtlich eingebrochen. Auch der Honig als einziger bekannter Süßstoff wurde kurze Zeit später abgelöst: vom Zucker, der dank der dortigen Sklaven aus der Karibik importiert wurde und der sich so viel leichter löste. Was den Met, ein weiteres Honigwirtschaftsprodukt, anbetraf: Den trank man schon lange nicht mehr, da es nun schmackhaften Wein und süffiges Bier gab und die Sitten und Gebräuche der alten Germanen als verstaubt und veraltet galten. Ein weiterer Grund für das Verschwinden der Zeidelei war die Tatsache, dass die Wälder, aus denen zuvor der meiste Honig gewonnen wurde, mittlerweile von Köhlern, Pechschweflern oder Glasbläsern auf der Suche nach Rohstoffen ausgeschlachtet wurden. Für die Biene und deren Zucht war darin kein Platz mehr. Man ging dazu über, Bienenstöcke an Häusern, in Gärten und Klöstern, vor Schlössern zu pflegen. Das letzte Zeidelgericht tagte 1779 in Nürnberg. Erst 1992 gewann die Biene im deutschen Raum rechtlich wieder eine besonders erwähnenswerte Stellung: Ihre Funktion wird im BGB als wichtiger eingestuft als die eines Blumenzüchters.[184]

Auch wurde die Hausbienenzucht immer ertragreicher und nützlicher: Die Bienen gleich neben den Gärten zu halten, sicherte die optimale Befruchtung der Pflanzen. Zudem hat schon so mancher von der Stadtmauer geworfene Bienenstock eine Stadt von ihren Belagerern befreit, wie es beispielsweise 1643 in Bad Kissingen der Fall war.[185] In den slawischen Gebieten wurde die Waldbienenzucht als Nebenerwerb noch bis hinein ins 20. Jahrhundert betrieben.

ILLUSTRATION: *Zeidler, der eine künstliche Höhle (Beute) in etwa sechs Metern Höhe in einen alten Baum haut. Den Eingang versieht er mit einem Brett, in das ein Flugloch gebohrt ist. Der andere Zeidler benutzt eine Pfeife zum Beruhigen der Bienen. Auch erkennt man das Zeidlermesser. Am rechten Baum ist ein Zeichen zu erkennen, mit dem der Zeidler diesen Baum als seinen kennzeichnet.*
Hintergrund: Urkunde von 1350 zum Zeidlerrecht, darin wird das Zeidlerprivileg eingeführt – von Karl IV. für den Nürnberger Reichswald, »Caroli 4., Imperatoris, privilegium Zedelariis Norimbergensibus A. 1350«.

DANK

GEMEINSAM

Dank an den »Tagesspiegel«, der zehn der Geschichten in seinem Wirtschaftsteil veröffentlichte und so den Grundstein für das Buch legte

Lithograph:
Dank an Walter Schautz für Rat und Tat

Silhouettenschneider:
Dank an Albrecht Wintterlin

MICHAELA VIESER

Dank an Ines Iwen für die Einführung in die Kunst des Recherchierens

Dank an Geert Vieser und Theo Wettach für wache Augen

Dank an Reto fürs Zuhören und für seine Begeisterung

IRMELA SCHAUTZ

Allgemein:
Dank an Angela und Walter Schautz für offene Ohren, genaues Hinschauen und fachliche Beratung

Dank an Karin Lucas und Benjamin Erben von Iconic für grafische Kreativität und Unterstützung

Allesschlucker:
Dank an die Chirurgen Nina und Chris für die medizinische Aufklärung

ANMERKUNGEN

1 Faber, Rene: Von Donnerbalken, Nachtvasen und Kunstfurzern, eine vergnügliche Kulturgeschichte. Eichborn Verlag, Frankfurt a. M., 1994; S. 40/41
2 ebd., S. 64
3 Elias, Norbert: Über den Prozess der Zivilisation. Suhrkamp Verlag, Frankfurt a. M., 1977; S. 184/185
4 Faber, Rene, a. a. O.,S. 58
5 Fährmann, Sigrid: Öffentliche Bedürfnisanstalten – Zur Durchsetzung bürgerlicher Reinlichkeitsvorstellungen. Beiträge zur Volkskunde in Niedersachsen, Band 17, Schmerse Verlag, Göttingen, 2000; S. 33
6 ebd.
7 Faber, Rene, a. a. O., S. 66
8 Aus Oekonomische Encyklopaedie von Krünitz: Retirade, Rückzug, Zufluchtsort: »Ein Zimmer, wohin man sich begibt, wenn man allein seyn will. Bey Festungen ist Retirade dasjenige Retranchement, welches einen einwärts gebogenen Winkel hat, und zu dem Behufe angelegt wird, sich hinter demselben noch wehren zu können, wenn man dem Feinde einen vordern Posten hat überlassen müssen. Auch der Abtritt oder Nachtstuhl wird in der Sprache der gesellschaftlichen Höflichkeit zuweilen die Retirade genannt.«/ http://kruenitz1.uni-trier.de/
9 Jay, Ricky: Learned Pigs and Fireproof Women. Edition Volker Huber, Offenbach a. M., 1988; S. 299 (Übersetzung: Michaela Vieser)
10 Jay, Ricky, a. a. O., S. 300
11 Bondeson, Jan: The two-headed boy and other medical marvels. Cornell University Press, 2000; S. 265
12 ebd., S. 313
13 ebd.
14 Busch, Paula: Das Spiel meines Lebens. Engelhornverlag, Stuttgart, 1957; S. 130
15 http://www.zeit.de/2008/13/Stimmts-Ameisen-und-Menschen?page=all
16 Groiß, Franz: Ameise und Volkskultur in Ambach. Johann und Dietrich, Christian: Ameisen in Biologie und Volkskultur. Katalog zur gleichnamigen Ausstellung im Landesmuseum Kultur Niederösterreich, 2009; S. 170

17 Daniel, A. H.: Das deutsche Land – geografische Charakterbilder aus den Alpen, dem deutschen Reich und Deutsch-Österreich. D. R. Reisland Verlag, Leipzig, 1892

18 ebd., S. 123

19 Bermann, Moritz: Geschichte der Wiener Stadt und Vorstädte. Wenedikt, Wien, 1871; S. 150

20 Geschichte des Vogelhandels. In: Papageno Backstage. Katalog zur gleichnamigen Ausstellung im österreichischen Museum für Volkskunde, Wien, 2006; S. 109

21 Palm, Kurt: In der gnigl vögel gegessen. In: Papageno Backstage. a. a. O., S. 22

22 Donhauser, Peter: Vogelorgeln, Serinetten und mechanische Singvögel. In: Papageno Backstage. a. a. O., S. 53

23 Groiß, Franz: Ameise und Volkskultur in Ambach, Johann und Dietrich, Christian: Ameisen in Biologie und Volkskultur. a. a. O., S. 169 ff.

24 ebd., S. 173

25 ebd, S. 171

26 ebd., S. 168

27 ebd., S. 178

28 Gräfe, Carl Ferdinand et al.: Encyclopädisches Wörterbuch der medicinischen Wissenschaften. Berlin, 1828–1849

29 Ross, James Bruce: Das Bürgerkind in den italienischen Stadtkulturen zwischen dem vierzehnten und dem frühen sechzehnten Jahrhundert. In: deMause, Lloyd (Hrsg.): Hört ihr die Kinder weinen – eine psychogenetische Geschichte der Kindheit. Suhrkamp Verlag, Frankfurt a. M., 2000; S. 270

30 Karner, Peter: Die Welt ist wie ein betrunkener Bauer – Aus den Tischreden Martin Luthers. Herder Verlag, Wien, 1982; S. 79 f.

31 Weber-Kellermann, Ingeborg: Die Kindheit. Eine Kulturgeschichte. Insel Verlag, Frankfurt a. M., 1997; S. 44

32 Wirth Marvick, Elizabeth: Natur und Kultur – Trends und Normen der Kindererziehung in Frankreich im siebzehnten Jahrhundert. In: deMause, Lloyd (Hrsg.): Hört ihr die Kinder weinen – eine psychogenetische Geschichte der Kindheit. a. a. O., S. 370

33 Müller-Waldeck, Gunnar (Hrsg.): Unter Reu' und bitterm Schmerz. Bänkelsgesang aus vier Jahrhunderten. Hinstorff Verlag, Rostock, 1981; S. 150

34 Schütz, Ernst und Sachs, Michael: Der Zeitungssänger Philipp Keim (1804–1884) aus Diedenbergen. Marianne Breuer Verlag, Wiesbaden-Erbenheim, 1993; S. 11

35 Schiebe, August (Hrsg.): Universallexikon der Handelswissenschaften. Leipzig, 1837

36 www.archive.org/stream/whaleboneitsprodoostev/whaleboneitsprodoostev_djvu.txt

37 Loschek, Ingrid: Reclams Mode und Kostümlexikon. Reclam Verlag, Stuttgart, 2005

38 Junker, Almut und Stille, Eva: Zur Geschichte der Unterwäsche 1700–1960. Historisches Museum Frankfurt, Frankfurt a. M., 1988; S. 27

39 ebd., S. 117

40 Gadient, Hansjörg: Schönheit muss leiden, in: Mare, Nr. 34, Oktober/November 2002; S. 36

41 F.J.R: Der wolvertheigte Steiffe und weite Weiber-Rock, zu besserer Information aller derjenigen, welche dem hochlöblichen Frauenzimmer so sehr verübeln, daß es mit denen jetzt üblichen Fischbein Röcken sich heutiges Tages so groß und breit machet. Frauenstadt, 1715

42 Junker, Almut, a. a. O., S. 34

43 ebd., S. 119

44 Bradley, Mark: Looking Harder at the Roman Fullonica. In: Journal of Roman Archaeology, 2002 (15); S. 31

45 Neudecker, Richard: Die Pracht der Latrine – Zum Wandel öffentlicher Bedürfnisanstalten in der kaiserzeitlichen Stadt. Pfeil Verlag, München, 1994; S. 19

46 Bradley, Mark, a. a. O., S. 30

47 ebd., S. 41

48 Corbin, Alain: Pesthauch und Blütenduft – Eine Geschichte des Geruchs. S. Fischer Verlag, Frankfurt a. M., 1988; S. 159 f.

49 Faber, Rene, a. a. O., S. 142

50 Bradley, Mark, a. a. O., S. 36

51 ebd., S. 24

52 Keunecke, Susanne: Von Schmugglern und Kaffeeriechern. In: Kaffee – Vom Schmuggelgut zum Lifestyle-Klassiker. be:bra Verlag, Berlin Brandenburg, 2002; S. 21

53 ebd.

54 Jacob, Heinrich Eduard: Kaffee – Die Biographie eines weltwirtschaftlichen Stoffes. oekom Verlag, München, 2006; S. 71

55 Königlich Preußische allergnädigste Declaration, 21. Januar 1781

56 Hobusch, Erich: Auf Schleichpfaden. Schmuggleraffären und Paschergeschichten zwischen 1730 und 1930. Verlag Neues Berlin, Berlin, 1988;

57 Löschburg, Winfried: Als das Lustschiff endlich am Schiffbauerdamm eintraf – und andere Begebenheiten aus acht Jahrhunderten Berliner Geschichte. Der Kinderbuchverlag, Berlin, 1984

58 Firla, Monika: Angelo Soliman in der Wiener Gesellschaft. In: Höpp, Gerhard (Hrsg.): Fremde Erfahrungen. Asiaten und Afrikaner in Deutschland, Österreich und in der Schweiz bis 1945. Zentrum Moderner Orient, Berlin, 1996; S. 71

59 Heller, Hartmut: Beutetürken. In: Höpp, Gerhard (Hrsg.): Fremde Erfahrungen. a. a. O., S. 162

60 Heller, Hartmut: Um 1700: Seltsame Dorfgenossen aus der Türkei. Minderheitsbeobachtungen in Franken, Kurbayern und Schwaben. In: Heidrich,

Hermann (Hrsg.): Fremde auf dem Land. (Schriften Süddeutscher Freilichtmuseen, 1). Bad Windsheim, 2000; S. 18

61 Petrasch, Ernst: Die Karlsruher Türkenbeute. Badisches Landesmuseum Karlsruhe, 1991

62 Jahn, Wolfgang (Hrsg.): Geld und Glaube – Leben in evangelischen Reichsstädten. Haus der Bayerischen Geschichte, Augsburg, 1998; S. 237

63 Firla, Monika: Angelo Soliman in der Wiener Gesellschaft. In: Höpp, Gerhard (Hrsg.): Fremde Erfahrungen. a. a. O., S. 71

64 Firla, Monika: Hof– und andere Mohren als früheste Schicht des Eintreffens von Afrikanern in Deutschland. In: Heller, Hartmut (Hrsg.): Neue Heimat Deutschland – Aspekte der Zuwanderung, Akkulturation und emotionalen Bindung. Erlangen, 2001; S. 161 f.

65 ebd., S. 78

66 Schuster, Gabriele: Der Mohr als Schauobjekt. In: Heller, Hartmut (Hrsg.): Neue Heimat Deutschland – Aspekte der Zuwanderung, Akkulturation und emotionalen Bindung. a. a. O., S. 99

67 Heidemann, Wilfried: Der Sandwich-Insulaner Maitey von der Pfaueninsel. In: Heidemann, Wilfried (Hrsg.): Evangelische Kirche St. Peter und Paul Nikolskoe 1837–1987. Festschrift zur 150-Jahr-Feier. Zehlendorf, 1987; S. 118

68 ebd., S. 120

69 ebd., S. 118

70 Wille, Lutz: Harzer Menschen in Volksdichtung und Literatur – Eine Skizze mit Beispielen aus dem Köhlerleben. In: Kortzfleisch, Albrecht von (Hrsg.): Die Kunst der schwarzen Gesellen – Köhlerei im Harz. Hermann Reddersen Stiftung des Harzklubs. Papierflieger Verlag, Clausthal-Zellerfeld, 2008; S. 254

71 Kortzfleisch, Albrecht von: Leben und Beruf des Köhlers. In: ders. (Hrsg.): Die Kunst der schwarzen Gesellen – Köhlerei im Harz. a. a. O., S. 196

72 Kortzfleisch von, Albrecht: Die sozialen Verhältnisse in den Harzer Köhlerdörfern. In: ders. (Hrsg.): Die Kunst der schwarzen Gesellen – Köhlerei im Harz. a. a. O., S. 215

73 ebd., S. 15

74 Kortzfleisch, Albrecht von: Einführung. In: ders. (Hrsg.): Die Kunst der schwarzen Gesellen – Köhlerei im Harz. a. a. O., S. 3

75 Kurth, Horst: Bedeutung des Kohlwesens in der Forstgeschichte des Harzes. In: Kortzfleisch, Albrecht von (Hrsg.): Die Kunst der schwarzen Gesellen – Köhlerei im Harz. a. a. O., S. 120

76 Hillebrecht, Marie-Louise: Übernutzung und Raubbau, Holznot und Energiekrisen. In: Kortzfleisch, Albrecht von (Hrsg.): Die Kunst der schwarzen Gesellen – Köhlerei im Harz. a. a. O., S. 107

77 Kortzfleisch, Albrecht von: Der klassische – stehende – Erdmeiler oder Platzmeiler. In: ders. (Hrsg.): Die Kunst der schwarzen Gesellen – Köhlerei im Harz. a. a. O., S. 42

78 Baumann, Carl-Friedrich: Licht am Theater. Von der Argand-Lampe bis

zum Glühlampen-Scheinwerfer. Franz Steiner Verlag, Wiesbaden/Stuttgart, 1988; S. 53

79 Ebd., S. 55

80 Ebd., S. 3

81 Maino, Marzia: Beleuchtungstechnik und Bühne in Vicenza im 16. und 17. Jahrhundert. In: Maske und Kothurn. Böhlau Verlag, Wien/Köln/Weimar, 2008

82 Krzeszowiak, Tadeusz: Licht am Theater von der Antike bist gestern. In: Krzeszowiak, Tadeusz, Greisenegger, Wolfgang (Hrsg.): Schein werfen – Licht am Theater. Christian Brandstätter Verlag, Wien, 2008; S. 58

83 Blumenberg, Hans: Arbeit am Mythos. Suhrkamp Verlag, Frankfurt a. M., 1990; S. 567

84 Busch, Wilhelm: Maler Klecksel. 1884

85 Zeidler, Jürgen: Vom Erfinden – Intuition und Plan. In: Museum der Arbeit – bilderbunter Alltag – 200 Jahre Lithographie. Christians Verlag, Hamburg, 1999; S. 17

86 Hansen, Fritz: Die Erfindung der Lithographie durch Alois Senefelder. Verlag Conrad Müller, Leipzig/Schkeuditz, 1896; S. 9

87 Müller, Hermann: Die Organisation der Lithographen, Steindrucker und verwandten Berufe. Berlin, 1917; S. 499

88 Schneider, Ursula: Bildbedeutungen – Sinnstiftung, Orientierung, Wunschwelten. In: Museum der Arbeit – bilderbunter Alltag – 200 Jahre Lithographie. a. a. O., S. 63

89 S. 40, Pieske, Christa: Bilder für Jedermann – Wandbilddrucke 1840–1940. Schriften des Museums für Deutsche Volkskunde Berlin, Staatliche Museen Preußischer Kulturbesitz, Berlin, 1888; S. 71

90 ebd., S. 40

91 ebd., S. 46

92 ebd., S. 49

93 ebd., S. 36

94 ebd., S. 40

95 ebd., S. 41

96 Senefelder, Alois, Vollständiges Lehrbuch der Steindruckerey. Thienemann Verlag, München, 1818; S. 132

97 Corbin, Alain, a. a. O., S. 193

98 Palla, Rudi: Verschwundene Arbeit. Eichborn Verlag, Frankfurt a. M., 1995; S. 204

99 Köstering, Susanne: Lumpensammler im Nationalsozialismus, 1934–1939. In: Pioniere der Rohstoffbeschaffung. Werkstatt Geschichte Heft 17, 1997; S.60

100 Warnecke, Hans-Jürgen: Lumpensammler aus Ochtrup. In: Rheinisch-westfälische Zeitschrift für Volkskunde 49, 2004

101 Köstering, Susanne: Lumpensammler im Nationalsozialismus, 1934–1939. In: Pioniere der Rohstoffbeschaffung, a. a. O., S. 47

102 Der Lumpensammler: Ein Kalender für Vergangenheit, Zukunft und 1850. Friedrich Gerhard Verlag, Berlin, 1850; S. 37

103 Keßler von Sprengseysen, Christian Friedrich: Topografie des Herzoglich-Sachsen-Koburg-Meiningischen Antheils an dem Herzogthum Koburg Sonnenberg. 1781; S. 118

104 Rau, Siegfried: Die Steinmärbelherstellung im Tal der Effelder. In: Thüringerwald-Verein Mengergereuth-Hämmern e.V., Nr. 2/98; S. 51

105 Aumann, G./Stubenrauch, A.: Die Märbelmühle. Erläuterungen zu den Schausammlungen des Naturwissenschaftlichen Museum Coburg, Heft 16, 1975; S. 5

106 Syntax, Peregrinius: Allgemeines Deutsches Reimlexikon. Erster Band, F. A. Brockhaus, Leipzig, 1826

107 Erichson, Ulf/ Weitschat, Wolfgang: Baltischer Bernstein. Deutsches Bernsteinmuseum, Ribnitz-Dammgarten, 2008; S. 105

108 ebd., S. 94

109 Meyers Konversationslexikon. 4. Aufl., Zweiter Band, Leipzig, 1885–1892

110 Tesdorpf, W.: Gewinnung, Verarbeitung und Handel des Bernsteins in Preußen von der Ordenszeit bis zur Gegenwart – Eine historisch-volkswirtschaftliche Studie. Gustav Fischer Verlag, Jena, 1887; S. 21

111 ebd., S. 29

112 Blumhof , Johann Georg Ludolph : Lehrbuch der Lithurgik oder der angewandten Mineralogie für Kameralisten, Oekonomen, Technologen, Metallurgen und Forstmänner, zum Gebrauch bei Vorlesungen auf Universitäten, Gymnasien und polytechnischen Lehranstalten. Varrentrapp, Frankfurt a. M., 1822; S. 319

113 Mührenberg, Doris: Bohren, drehen, schneiden. In: Faszination Mittelalter: Funde fürs Museum, Teil 3, Hansestadt Lübeck, Presse- und Öffentlichkeitsarbeit, Ausgabe 187 vom 31. 07. 2001

114 Tesdorpf, a. a. O., S. 32 und S. 38

115 S. 100, Aycke, Johann Christian: Fragmente zur Naturgeschichte des Bernsteins. Danzig, 1835

116 Tesdorpf, a. a. O., S. 27

117 Jurina, Kitti: Vom Quacksalber zum Doktor Medicinae – Die Heilkunde in der deutschen Graphik des 16. Jahrhunderts. Böhlau Verlag, Wien/Köln/Weimar, 1985; S. 126

118 Snyder, Gerto: Wunderglaube und Wahn – Aus der bunten Welt der Scharlatane. Bruckmann Verlag, München, 1965; S. 75

119 ebd., S. 76

120 ebd., S. 79

121 Buchner, Eberhard: Ärzte und Kurpfuscher. Kulturhistorisch interessante Dokumente aus alten deutschen Zeitungen, 17. und 18. Jahrhundert. Albert Langen Verlag, München, 1922; S. 23

122 ebd., S. 51

123 Arnold, Ingmar: Luftzüge – Die Geschichte der Rohrpost in Berlin und anderswo. Gesellschaft für Verkehrspolitik und Eisenbahnwesen, Berlin, 2000; S. 34

124 Archiv für Post- und Telegraphie: Beiheft zum Amtsblatt des Reichs-Postamts, Nr. 7, Berlin, April 1887; S. 217

125 Arnold, Ingmar, a. a. O., S. 68

126 Schwaighofer, Hans: Rohrpost-Fernanlagen (pneumatische Stadtrohrposten). Verlag Piloty & Loehle, München, 1916; S. 340

127 Hoffmann, Walter und Ingeborg: Ziel verfehlt und doch gewonnen: Lebenserinnerungen einer Neunzigjährigen. Verlag Books on Demand, Norderstedt, 2004

128 Kästner, Erich: Emil und die Detektive. Cecilie Dressler Verlag, Hamburg, 1989; S. 44

129 Busch, Gerda: Die Frau im Haupttelegraphenamt. In: Hundert Jahre Haupttelegraphenamt Berlin. Deutscher Zentralverlag, Berlin, 1951; S. 136

130 Arnold, Ingmar, a. a. O., S. 116

131 Siegert, Fritz: Im alten Haupttelegraphenamt von Anno dazumal. In: Hundert Jahre Haupttelegraphenamt Berlin. a. a. O., S. 154

132 Morche, Pascal: Sssst und plopp. Die Rohrpost – eine fast vergessene Kommunikationsform. In: Spiegel Special Info-Sucht, Hamburg, 3/1999

133 S. 41/42: Herzog, Ulrich (Hrsg.): Die geheimen Künste der Rosstäuscher. Verlag Moby Dick, Kiel, 1998; S. 41/42

134 ebd., S. 38/39

135 ebd., S. 12

136 ebd., S. 54

137 ebd., S. 77

138 Infomaterial der Schauhöhle Walldorf

139 http://www.sternenfels.org/index.cfm?fuseaction=gaeste&rubrik=geschichte

140 Pilgram-Brückner, Ingeborg: Der Stubensand-Jakob erzählt. Heilbronner Stimme, 1983; S. 3

141 Koch, Tankred: Geschichte der Henker. Kriminalistik Verlag, Heidelberg, 1988; S. 243

142 ebd., S. 247

143 Irsigler, Franz und Lassotta, Arnold: Bettler und Gauner, Dirnen und Henker – Außenseiter einer mittelalterlichen Stadt. dtv Verlag, München, 1996; S. 245

144 ebd., S. 249

145 ebd., S. 229

146 Koch, Tankred, a. a. O., S. 91

147 ebd., S. 94

148 Pechacek, Petra: Scharfrichter und Wasenmeister in der Landgrafschaft Hessen-Kassel in der frühen Neuzeit. Peter Lang Verlag, Frankfurt a. M., 2003; S. 65

149 Koch, Tankred, a. a. O., S. 249

150 ebd., S. 244

151 Pechacek, Petra, a. a. O., S. 172

152 Gericht zu Göppingen, 1710. In: Schuhmann, Helmut: Der Scharfrichter – Seine Gestalt. Seine Funktion. Verlag für Heimatpflege, Kempten/Allgäu, 1964; S. 275

153 Koch, Tankred, a. a. O., S. 63

154 Pechacek, Petra, a. a. O., S. 236

155 Boyle, T.C.: Wassermusik. (in der Übersetzung von Werner Richter), rororo Verlag, Hamburg, 1990; S. 118

156 Schimmer, Karl Eduard: Alt und Neu Wien – Geschichte der österreichischen Kaiserstadt. A. Hartlebens Verlag, Wien/Leipzig, 1904; S. 329/321

157 Czeike, Felix: Der neue Markt. Paul Zsolnay Verlag, Wien/Hamburg, 1970; S. 79

158 Göres, Burkhardt: Berliner Prunkschlitten, Kutschen und Sänften des Barock. Ausstellungskatalog Staatliche Museen zu Berlin, Kunstgewerbemuseum, 1987; S. 17

159 Schramm, Carl Christian: Abhandlung der Porte-Chaises oder Trage-Sänften durch Menschen oder Thiere, in allen vier Theilen der Welt, nach der Critic, Mechanic, Historie. Verlag Christoph Weigels, Nürnberg, 1737

160 Das Hohelied Salomons. Kap. 3, Vers 9–10

161 Schramm, Carl Christian, a. a. O., S. 29

162 Göres, Burkhardt, a. a. O., S. 17/18

163 Hopf, Andreas und Angela: Scherenschnitte. Bruckmann Verlag, München, 1989; S. 7

164 Schmölders, Claudia: Profil sucht en face. Über Lavaters Theologie der Schattenrisse. In: Ackermann, Marion: Schattenrisse. Städtische Galerie im Lenbachhaus und Kunstbau, München, 2001; S. 37

165 Lavater, Johann Caspar: Physiognomische Fragmente. Heimeran Verlag, Oldenburg, 1949; S. 33

166 Pieske, Christa: Schattenrisse und Silhouetteure. Franz Schneekluth Verlag, Darmstadt, 1963; S. 8

167 ebd., S. 23

168 1917. In: Maas, Ellen: Wie sich die Bilder gleichen …, Aschaffenburg, 1991

169 Gartenlaube, 1892. In: Maas, Ellen: Wie sich die Bilder gleichen …, a. a. O.

170 Joost, Ulrich: Die Silhouetten sind abstracta. Seine Beschreibung ist eine bloße Silhouette – Georg Christoph Lichtenberg, der Schattenriss und die Physiognomik. In: Ackermann, Marion, a. a. O., S. 67

171 Alberts-Langula, P. Hermann: Bruder Berthold von Regensburg, der Wanderprediger des Mittelalters. In: Für Feste und Freunde der inneren Mission. Heft 42, Buchhandlung des Ostdeutschen Jünglingsbundes, Berlin, 1901; S. 1

172 von Walter, Johannes: Die ersten Wanderprediger Frankreichs – Studien zur

Geschichte des Mönchstums. Deichert'sche Verlagsbuchhandlung, Leipzig 1906; S. 1
173 ebd., 163/164
174 Oberste, Jörg: Ketzerei und Inquisition im Mittelalter. Wissenschaftliche Buchgesellschaft, Wiesbaden, 2007; S. 41
175 Alberts-Langula, P. Hermann, a.a.O., S. 6
176 ebd., S. 8
177 von Walter, Johannes, a.a.O., S. 145
178 Jung-Hoffmann: Bienenbäume in der Mark Brandenburg, der Niederlausitz und Berlin. In: Jung-Hoffmann, Irmgard (Hrsg.): Bienenbäume, Figurenstöcke und Bannkörbe. Förderkreis der Naturwissenschaftlichen Museen Berlins e.V., Berlin, 1993, S. 6
179 Lühn-Irriger, Susanne: Die Biene im deutschen Recht von den Anfängen bis zur Gegenwart, LIT Verlag, Münster/Hamburg/London, 1999; S. 17
180 Jung-Hoffmann, a.a.O., S. 6
181 ebd., S. 4
182 ebd., S. 44
183 Thäter, Wolfgang: Das Zeidlerwesen – Grundlagen der Imkerei. Verlag Ehrenwirth, München, 1993; S. 27
184 Lühn-Irriger, a.a.O., S. 2
185 Lerner, Franz: Aber die Biene findet die Süßigkeit – kleine Kulturgeschichte des Honigs. Econ Verlag, Düsseldorf/Wien, 1963; S. 133

LITERATUR

Weiterführende Literaturliste. Die wichtigsten Bücher werden bereits bei den Anmerkungen zitiert; die hier gelisteten sollen dem interessierten Leser helfen, sich weiter in die Themen vertiefen zu können.

Aumann, Georg: Die letzte Märbelmühle des Coburger Landes. in: Schönere Heimat – Erbe und Gegenwart. Bayrischer Landesverein für Heimatpflege, 2. Vierteljahr, Heft 2, München, 1972

Bonwetsch, N./Seeberg, R: Studien zur Theologie und der Kirche. Band 9, Dieterich'sche Verlagsbuchhandlung, Leipzig, 1903

Reinhold Baist: Denkschrift Deutscher Papierfabrikanten in Betreff des vaterländischen Lumpenausfuhrzolls. Im Selbstverlag, Frankfurt a. M., 1872

Döbler, Hansferdinand: Kultur und Sittengeschichte der Welt – Eros, Sexus, Sitte. Bertelsmann Verlag, München, 1971

Holler, Renée: Murmeln, Schusser, Klicker. Hugendubel Verlag, München, 1986

Leucorande, Eleonora Charlotte: Gutachten eines galanten Frauenzimmers über die Contusch- und Reifröcke. Meißen, 1714

Moore, Anneliese: Beziehungen zwischen Hawaii und Berlin. in: Jahrbuch für Brandenburgische Landesgeschichte Nr. 31, Berlin, 1980

Panati, Charles: Universalgeschichte der ganz gewöhnlichen Dinge. Eichborn Verlag, Frankfurt a. M., 1994

Petzold, Leander: Die freudlose Muse – Texte, Lieder und Bilder zum historischen Bänkelsang. Metzler Verlag, Stuttgart, 1978

Reichskommissar für Altmaterialverwertung: Rohstoff Schrott, Rohstoff Altpapier, Rohstoff Knochen, Rohstoff Lumpen. Berlin, 1940

Riedel, Veit Karl: Der Bänkelsang – Wesen und Funktion einer volkstümlichen Kunst. Hamburger Kunstverein, Hamburg, 1963

Schwertner, Johann: Bader – Quacksalber – Kräuterweibl – Ein Beitrag zur Volksmedizin. Schriftenreihe des Kärntner Freilichtmuseums in Maria Saal Nr. 5, Kärntner Freilichtmuseum, 1998

Steinberg, Peter: Die Berichte Lippischer Wanderprediger in Wilhelminischer Zeit. In: Lippische Mitteilungen aus Geschichte und Landeskunde. 47. Band, Meyersche Hofbuchhandlung Verlag, Detmold, 1978

Stubenrauch, Andreas: Die Steinmärbelindustrie Thüringens und Frankens. In: Jahrbuch der Coburger Landesstiftung. Kommissionsverlag der Buch- und Kunsthandlung A. Seitz, Coburg, 1963

Wacha, Georg: Tiere und Tierhaltung in der Stadt sowie im Wohnbereich des Spätmittelalterlichen Menschen und ihre Darstellung in der bildenden Kunst. In: Das Leben in der Stadt des Spätmittelalters. Internationaler Kongress Krems an der Donau, Verlag der Österreichischen Wissenschaften, Wien, 1977

White, Martin: Renaissance Drama in Action. Routledge, London, 1998

Wurlitzer, Bernd: Historische Werkstätten. Verlag Die Wirtschaft, Berlin, 1989

REGISTER

BILDNACHWEIS

Alle Illustrationen stammen von Irmela Schautz unter Verwendung von Hintergrundbildern wie folgt:

Seite 16/17 aus: Wikipedia (in: Wolfgang Schneider: Berlin, Gustav Kiepenheuer Verlag, Leipzig u. Weimar 1983, Karte von Geheimrat Carl Ludwig von Oesfeld), gemeinfrei

Seite 24/25 Illustration aus Meyers Konversationslexikon: Darstellung der Eingeweide des Menschen, Chromlithographie; 6. Auflage, Bibliographisches Institut Leipzig (Auflagezeitraum: 1902–1920), Illustration angelehnt an ein französisches Originalplakat, das mit folgender die Aufschrift versehen ist:
Mac Norton The Aquarium Man (Rechteinhaber unbekannt)

Seite 32/33 aus: Meyers Konversationslexikon; zum Artikel »Ameisen« a. a. O.

Seite 40/41 aus: »Bramborski Casnik« (niedersorbische Zeitung) vom 11. 03.1897, 05.07.1900, 11.03.1896, 21.07.1898/Wendisches Museum, Cottbus/Serbski muzej, Chóśebuz/ www.wendisches-museum.de

Seite 48/49 aus: Josef Winckler: Doktor Eisenbart. Deutsche Verlagsanstalt, München, 1929

Seite 56/57 aus: Meyers Konversationslexikon; 5. Auflage, Bibliographisches Institut Leipzig, (Auflagezeitraum: 1893–1901), zum Artikel »Wale«

Seite 66/67 aus: The Agile Rabbit Book of Historical and Curious Maps/Agile Rabbit Editions/ published by The Pepin Press, www.pepinpress.com

Seite 82/83: WStLA, H.A.-Akten, S44: Verlassenschaftsabhandlung Angelo Soliman, mit freundlicher Genehmigung der Wienbibliothek

Seite 74/75 aus: Corpus Constitutionum Marchicarum von Otto Mylius, 7. Band, II HA Generaldirektorium, Abt. 14 Kurmark, Materien, Tit CCXIV Edicte und Patente Nr. 34, Bl.4. Rechte: Geheimes Staatsarchiv/GStA PK, Berlin/BPK, Berlin

Seite 94/95 aus: Meyers Konversationslexikon 6. Auflage a.a.O., zum Artikel »Holz«

Seite 104/105 aus: Willi Fleming (Hrsg.): Nicola Sabbattini (1574–1654) – Anleitung Dekorationen und Theatermaschinen herzustellen. Gesellschaft der Bibliophilen, Weimar, Jahresausgabe 1926, 2. Nachdruck der Ausgabe Ravenna, »Practica di fabricar scene, e machine ne'teatri«, 1638.

Seite 112/113: Liebig-Bild Nummer 3 »In der Lithographie«, aus der Serie 696 (1906)

Seite 122/123 aus: Verordnung des Herzogs von Braunschweig von 1801, Rechteinhaber unbekannt

Seite 130/131: Schussermühle, Entwurf und Zeichnung von Bauinspektor Gottfried Eberhard/Staatsarchiv Coburg, Signatur StACo, Min E Nr. 3261, fol. 11

Seite 138/139: Karte von Caspar Henneberg, Elbing 1576, Mare Balticum, Ostpreußen, Samland/Karte von Caspar Henneberg, Elbing 1576, Mare Balticum, Ostpreußen, Samland/Henry J. Bruman Map Collection/Collections, Research and Instructional Services, UCLA Library, Los Angeles

Seite 146/147: alte Medizin-Etiketten, Internet/Rechteinhaber unbekannt

Seite 156/157 aus: Wikipedia, gemeinfrei

Seite 166/167 aus: Zeidler Universal-Lexicon Aller Wissenschafften und Künste, 1731-1754, Band 32, Seite 0532, Bayerische Staatsbibliothek, München

Seite 172/173 aus: Stukenbrock Hauptkatalog 1926. Mit freundlicher Genehmigung des Georg Olms Verlags AG, Hildesheim

Seite 180/181: Zeichnung des Scharfrichters der Stadt Lemgo, Johann Henrich Ernst Clausen (1763 bis ca. 1842), Anleitung zum Bau eines Scheiterhaufens, ca. 1800/Fotosammlung des Stadtarchivs Lemgo © Stadtarchiv Lemgo

Seite 190/191 aus: Die Bezircken, Körperschaft: Köln, Erschienen: [S.l.], ca. 1700, Sachgebiete: Th 9701, Signatur: 16 in: Th 9701/ Bildarchiv Preußischer Kulturbesitz/ Handschriftenabteilung, Staatsbibliothek zu Berlin – Preußischer Kulturbesitz

Seite 196/197 aus: Marianne Bernhard (Hrsg.): Silhouetten und Scherenschnitte in Deutschland im 18. und 19. Jahrhundert. Staackmann Verlag, München, 1978 mit freundlicher Genehmigung des L. Staackmann Verlages, Linden

Seite 204/205: Strandpredigt auf Rügen, 1881, Holzstich von Landschaftsmaler Wilhelm Riefstahl, München

Seite 212/213 aus: Urkunde von 1350 zum Zeidlerrecht/ Staatsarchiv Nürnberg, Reichsstadt Nürnberg, Urkunden (Münchner Abgabe) Nr. 775 (1350 Juni 1)